헤어지자고 했을 뿐입니다

헤어지자고 했을 뿐입니다

교제살인, 그 108명의 죽음

이주연·이정환 지음

오마이북

추천의 글

여성들은 이제 인터넷에서 '안전이별'을 검색한다. "헤어지자"고 말한 대가로 죽임을 당하지 않기 위해서다. 여성들의 이런 행동이 유난스러워 보이는가? 그렇다면 오마이뉴스 이주연, 이정환 두 기자가 지난 3년간 일어난 108건의 교제살인 사건 판결문을 분석한 《헤어지자고 했을 뿐입니다》를 읽어보기 바란다. 이 책에 따르면 대한민국은 최소 열흘에 한 번꼴로 여성이 교제하던 남성에게 살해되는 나라다. 전문가들은 통계에 잡히지 않는 실상은 더욱 심각할 것이라고 추정한다.

사랑은 어떤 경우에도 결코 폭력과 살인의 이유가 될 수 없다. 그러나 교제살인의 가해 남성들은 입을 모아 살인의 책임을 피해 여성에게 돌린다. 피해자가 자신을 무시하는 것 같아서, 피해자가 바람을 피우는 것 같아서, 피해자가 자신의 구애를 거절해서 격분한 나머지 우발적으로 살인을 했다는 것이다. 죽은 여성은 말이 없고, 재판정에는 선처를 호소하는 가해 남성의 목소리만 울려 퍼진다. 그리고 교제폭력으로부터 살아남은 여성들은 끝없이 피해자다울 것을 요구받는다.

누구나 교제살인의 피해자가 될 수 있다. 이 말은 누구나 교제살인의 가해자가 될 수 있다는 뜻이다. 인터넷에 떠다니는 '안전이별' 수칙은 여성들을 지킬 수 없다. 이 지긋지긋한 폭력의 굴레를 끊어내려면, 우리는 우선 이 문제를 정확한 이름으로 불러야 한다. '데이트폭력'이라는 말로는 교제살인을 비롯해 친밀한 관계에서 일어나는 젠더폭력의 전모를 포착하지 못한다. 젠더폭력 전반의 맥락과 관계성을 포괄하는 국가의 종합 통계 수립이 시급한 이유다.

죄 없는 여성들의 죽음을 멈추기 위한 이 책의 외침에 입법, 사법, 행정 그리고 사회 전체가 함께 응답해야 한다. 지금 이 순간에도 누군가 가장 안전해야 할 곳에서, 연인의 얼굴을 한 괴한에게 생명을 위협받고 있을지 모른다. 우리는 그녀를 지켜야 한다.

―장혜영 정의당 의원

《헤어지자고 했을 뿐입니다》를 읽으면서 공포영화의 한 장면이 떠올랐다. 주인공이 이불 속에 숨어들어 안도하고 있을 때 비웃기라도 하듯 바로 그 이불 속에서 귀신이 나타나던 장면. 외부의 위협으로부터 나를 지켜줄 수 있는, 가장 안전하다고 믿었던 공간이나 상황에 배신당했을 때 훨씬 더 크게 다가오는 공포와 절망. 차이점이 있다면 더 끔찍하고 더 절망적이며 모두 현실이라는 점뿐이다.
한때 교제했던 사람에게 집, 차 안, 직장 근처에서 맞고 목 졸리고 찔려 죽는 현실. 저자들은 데이트폭력, 교제살인을 안일하게 다루는 세상에, 법과 제도가 갖추지 못한 '강한 의지'를 담아 절박하게 외친다. "잊지 마. 제대로 봐. 기억해줘."
한 명도 더 죽어서는 안 되기에 이 책은 계속 이야기되어야 한다.

―심에스더 성교육 강사, 《이런 질문, 해도 되나요?》 저자

《헤어지자고 했을 뿐입니다》는 한국판 '페미사이드 보고서'다. 108명의 피해 여성에 대한 1362페이지의 교제살인 판결문을 분석한 이 책은 무수한 절망의 기록임과 동시에 '앞으로 죽지 않게 할 수 있는' 가능성의 기록이다. 그래서 저자들은 뒷짐을 지거나 거리를 두지 않는다. 피해자 한 명 한 명을 마음에 담은 채로 절박하게 대안을 찾아 나선다. 나아가 이는 단순한 '데이트폭력'이 아니라 '교제살인'이라고 힘주어 말한다.

그동안 남성들이 만든 '보편'의 언어로는 여성들이 겪는 고통이 명확히 설명되지 않았다. 언어를 바꾸고 현실을 직시하는 것이 문제 해결의 시작이다. 우리는 더 이상 단 한 명도 잃을 수 없다.

—박정훈 오마이뉴스 기자, 《이만하면 괜찮은 남자는 없다》 저자

차례

◎ 추천의 글 —— 4
◎ 프롤로그 | 당신은 잘못한 게 없습니다 —— 13

1부 · 지워진 여자들

나는 교제살인 피해자입니다 —— 21
51: 채워지지 않는 물음표 —— 25
108: 최소한의 숫자 —— 29
68: 안전하다고 믿었을 그곳 —— 32
5.4: 그의 양형 —— 36
78: 전자발찌도 없이 —— 39
30: 헤어지자고 했을 뿐이다 —— 42
57: 가려진 죽음 —— 44
남겨진 사람들 —— 46

**인터뷰 · 이수정 경기대 범죄심리학과 교수 —— 58
여자들도 살 권리가 있다**

2부 · 도망갈 곳 없는 나는 혼자였다

괴한, 밀실, 단독 —————————————————— 77
사귀던 남자에게 오늘도 ————————————— 88
그 남자가 다시 돌아온 시간 —————————— 94
목격자 ——————————————————————— 103
삶을 놓지 않으려고 애썼던 그 얼굴들 ————— 107

인터뷰 · 이아리 작가 —— 114
생존자에게 보내는 응원

3부 · 그의 격분을 헤아리지 마라

교제살인 재판은 모두 공정했을까 ——— 127
여자친구를 죽이고도 자유의 몸이 되었다 ——— 129
살인의 죗값 ——— 138
죽도록 때렸는데 왜 살인이 아닌가 ——— 143
나의 죽음은 말이 없다 ——— 154
사라진 정의 ——— 158

**인터뷰 · 현직 부장판사의 이야기 —— 162
국가가 이 죽음에 개입해야 했다**

4부 · 지금도 여자들이 죽고 있다

'덜루스 모델'에서 찾은 희망 ———————————— 185
113개 지자체에 묻다 ————————————————— 193
국회의 직무유기 ——————————————————— 201
한 명도 너무 많다 —————————————————— 219

**인터뷰 · 김홍미리 여성주의 활동가 —— 227
단 한 명의 여성도 잃을 수 없다**

◎ 나는 죽어서야 헤어졌다 | 교제살인, 그 108명의 기록 —— 243
◎ 에필로그 | 이음에 대하여 —— 275

프롤로그
당신은 잘못한 게 없습니다

우리는 당신의 이름을 모릅니다. 어떤 삶을 살았는지 알지 못합니다. 당신의 꿈은 무엇이었는지, 남은 20대를 어떻게 꾸려가고 싶었는지 알 수 없습니다.

우리가 아는 건 별로 없습니다. 당신이 스물여섯 살 여성이었다는 것. 직장에 다니면서도 바리스타 교육을 받을 정도로 커피에 관심이 많았다는 것. 바리스타 교육을 받다가 한 남자를 만났다는 것. 3개월 남짓 교제했으나 그 남자가 자꾸 당신의 휴대폰을 숨기고 약속을 잘 지키지 않았다는 것. 그래서 당신이 남자에게 헤어지자고 했고, 그가 당신 앞에서 자살을 시도했다는 것. 그러다 결국 당신의 삶이 끝났다는 것.

우리가 아는 건 이게 답니다. 당신을 죽인 그 남자의 살인죄를 물었던 재판정의 판결문 9쪽에 적힌 서사가 우리가 아는 전부입니다. 그런데도 당신에게 이렇게 글을 쓰고 있다는 게 면구합니다. 미안합니다. 당신에게 이 글을 써도 되는지 허락받지 못했다는 게 더없이 안타깝습니다.

2016년부터 2018년까지 '법적으로 결혼하지 않은 상태로 서로 사귀다가 상대를 죽인 사건'의 판결문들을 찾았습니다. 그렇게 108건의 판결문을 봤습니다. 108명 여성의 목숨을 잃게 한 108명 남성에 대한 판결문이었습니다.

그런데 유독 당신의 이야기가 마음에 남았습니다. 스물여섯 살의 당신은 얼마나 반짝거렸을까요? 커피를 내릴 때 얼마나 신중을 기했을까요? 기숙사에서 잠을 청하며 어떤 꿈을 꿨을까요? 그런 소소한 일상들을 상상해봤습니다.

그 남자와 100일도 안 되는 시간을 만났을 뿐인데, 26년간 일궈온 일상이 부서졌습니다. 헤어짐을 고했을 때 당신 앞에서 자살하겠다는 그 남자가 얼마나 무서웠을까요. 그 남자가 집에 가지 못하게 새벽 5시까지 당신을 잡아두었을 때 얼마나 두려웠을까요. 그 남자가 헤어지면 죽어버리겠다며 적은 유서를 당신 직장의 사장님에게 보냈을 때 얼마나 참담했을까요.

아홉 살 많은 그 남자와 만남을 시작했던 것 자체를 후회했을지도 모릅니다. 괜히 바리스타 교육을 받았다고 생각했을 수도 있겠죠. '남자 보는 눈이 없다'며 스스로를 자책했을까 봐 걱정도 됩니다. 결코 당신 잘못이 아닙니다. 당신은 잘못한 게 단 하나도 없습니다.

그저 먹먹한 '만약에'가 남습니다. 남자의 유서가 전달되었을 때, 남자가 당신을 밤새 붙들어두었을 때, 누군가 당신을 도와줄 수 있었다면 얼마나 좋았을까요. 경찰이 개입해서 그 남자를 당신 곁에서 떼어놨다면 어땠을까요. 당신의 죽음 앞에 드리워졌던 '전조'들을 걷어낼 수 있었다면 당신은 죽지 않았을지도 모릅니다.

그랬더라면… 2018년 스물여섯 살이었으니, 올해 당신은 스물아홉 살이 되었을 겁니다. 서른을 앞두고 조금은 우울했을지도 모르죠. 다른 꿈을 좇아 무언가를 배우고 있었을지도 모릅니다. 그렇게 당연한 하루를 살아갔을 겁니다. '만약에'가 없었기에 당신이 누리지 못한 서른이 마음에 걸립니다.

데이트에 폭력이 가해지는 순간 장밋빛 연애는 언제든 핏빛으로 변할 수 있더군요. 그래서 생각했습니다. '데이트'라는 단어로는 이 고통과 죽음들을 온전히 설명할 수 없다고. 이것은 '교제살인'이라고. 그래서 우리는 명명했습니다. 2020년 11월 오마이뉴스에 〈교제살인〉 기사를 공개한 후 사람들의 반응은 뜨거웠습니다.

'데이트폭력'이 아니다. 절대 폭력 정도로 끝나지 않는다. 그 폭력 끝에 잔인한 수법으로 죽이는 결말이 있다. 나는 목을 졸려봤고, 칼을 눈앞에 들이대는 위협을 당해봤다. 상황의 심각함을 알리는 단어가 필요했다. '데이트'도 '폭력'도 아니다.

앞으로 '데이트폭력'이라는 단어가 아닌 '교제살인'이라는 단어가 쓰였으면 좋겠다. -트위터 @winterain***

교제살인… 너무나 명확한 단어. 경각심을 일으키기에 좋은 단어인 것 같다. 여성분들의 생존을 원합니다. 생명을 위협받지 않는 삶을 원합니다. -트위터 @DND_****

그렇습니다. 우리는 여자들의 생존을 원합니다. 그래서 당신의 죽음을 흘려보내고 싶지 않았습니다. 108명 여성의 죽음을 곱씹으면서 우리는 알게 되었습니다. 대부분의 살인은 어느 날 갑자기 일어난 비극이 아니었습니다. 목숨을 잃게 된 찰나, 아니 그 이전에도 그녀들의 삶은 폭력으로 얼룩져 있었습니다. '애인'이라는 남성들은 수시로 멍이 가실 새 없이 때려왔습니다. 당신을 죽인 그 남자처럼, 자신의 목숨을 무기 삼아 협박을 해대는 이들도 많았습니다.

물론 단 한 번의 폭력으로 인해 죽음에 이른 사건도 있었습니다. 그렇기에 더더욱 데이트폭력은 그 자체로 교제살인이 될 수 있습니다. 누구나 교제살인의 피해자가 될 수 있고, 누구나 가해자가 될 수 있다는 것을 우리는 알게 되었습니다.

이것은 그 남자와 만난 당신의 잘못이 아니며 그 남자와 헤어지려고 애쓴 당신의 책임이 아닙니다. 책임은 이 사회에 있습니다. '살인의 전조'를 확인해 막아내야 하는 죽음입니다. 교제살인에 경찰이 개입할 수 있도록 하는 법안에 관심을 기울이지 않는 국회에 그 책임이 있습니다. 여자친구를 때려죽였는데도 집행유예로 풀어주는 법원에 그 책임이 있습니다. 여성폭력에 대응할 기구를 만들지 않고 있는 지방자치단체와 국가에 그 책임이 있습니다.

교제살인이 '사회적으로 막아내야 할 죽음'이라는 데 많은 사람들이 공감하길 바랍니다. 그래서 108이라는 숫자와 그 이면에 대해, 우리가 목도한 '살인의 전조'에 대해, 여성들이 느꼈을 그 공포에 대해, '그들'의 직무유기에 대해, 공정하지 못한 재판에 대해, 지자체·양형위원회·국회가 무엇을 바꿔내야 하는지에 대해 긴 글을 적었습니다.

이 글이 당신에게, 108명의 여성에게 누가 되는 것은 아닐지 마음이 무겁습니다. 그럼에도 이 글을 책으로 엮어 세상에 내놓는 것은 그저 단 한 명의 여성이라도 더 생존하길 바라는 마음에서입니다.

당신이 그곳에서는 평안하길 빌고 또 빕니다.

1부

지워진 여자들

나는 교제살인 피해자입니다

"16층입니다."
엘리베이터 문이 열렸다. 그가 탔다.
내가 타고 있던 차에 불을 지른 그였다.
같이 살던 집에 녹음기를 설치한 그였다.
블랙박스를 복원해 내 행적을 쫓은 그였다.
한 달 전 마침내 정말로 헤어진, 1년 반가량 사귄 전 남자친구, 그였다.
오전 8시 44분부터 9시 26분까지 그는 16층에서 숨죽이며 내가 나오기를 기다렸다. 40분 동안 아파트 계단에 앉아 내가 살고 있는 18층의 인기척에 귀를 기울였겠지. 우리 집 문이 열리는 소리에 모든 신경을 집중하고 있다가 내가 18층에서 엘리베이터를 타는 걸 확인하고 허겁지겁 버튼을 눌렀겠지. 16층에서 나를 기다리던 그의 손에는 20센티미터 길이의 칼이 들려 있었다. "모든 것을 걸고 응징하겠다"며 집요하게 문자를 보내던 그가 내 눈앞에 서 있었다. 16층에서 지하주차장까지 내려가는 시간이 억겁으로 느껴졌다. 누구라도 엘리베이터를 타길 간절히 빌었지만 그런 일은 일어나지 않았다. 그는 내 목을 움켜잡았고 칼날은 나를 향해 있었다. 그의 손아귀에서 나는 옴짝달싹할 수 없었다.

지하주차장에서 그는 자신의 차에 나를 밀어 넣었다. 이대로 가다가는 정말 죽을 것만 같았다. 아파트 단지를 빠져나가는 순간, 나는 애원하며 소리쳤다.

"살려주세요."

나의 마지막 말이 되었다. 그의 손에 들려 있던 칼이 기어이 나의 목을 베었다. 봄날이 한창이던 2018년 5월 11일이었다. 그동안 그는 나에게 이런 문자메시지를 보냈다.

"끝이구나. 해보자."

"오늘 그렇게 나간 게 끝이라고 기대해라."

"넌 죽음. 집에 안 오면 끝인 줄 아는데 착각하지 마."

"니 짐 가지고 가기 전엔 너 아직 내 여자야. 짐 가지고 가."

"널 용서하고 깨끗하게 끝내려 했는데 넌 날 더 이상 용서하지 않게 행동했어. 네가 살아 있는 동안은 용서 못 한다. 내 모든 것을 걸고 응징한다. 넌 최고로 고통과 후회할 것이다. 뿌린 대로 거두리."

"네 인생 이렇게 끝이구나. 후회 없다."

2018년 4월 13일, 더 이상 견딜 수 없었던 나는 그와 함께 살던 집에서 나왔다. 집요하게 연락하는 그를 피하려 했지만 그는 포기하지 않았다. 단 하루도 마음을 놓을 수 없는 날들이었다. 그는 언제 어디서든 내 앞에 나타날 수 있었다. 그는 내 모든 걸 알고 있었다.

그는 내가 사는 집을 알고 있다.

그는 내 차를 알고 있다.

그는 내 직장을 알고 있다.

그는 내가 몇 시에 출근해서 몇 시에 퇴근하는지 알고 있다.

그는 내 친구가 운영하는 카페를 알고 있다.

그는 내 친구의 연락처를 알고 있다.

그는 내 가족을 알고 있다.

내가 숨을 곳은 없다는 말이다.

2017년 12월에도 그는 시너가 들어 있는 소주병 4개를 차에 던졌고 보닛에 불이 붙었다. 그 차에는 나와 내 친구가 타고 있었다. 그는 구속되었지만 나는 곧 풀려날 그가 무서웠다. 내가 처벌을 원했다는 것을 그가 알게 되면 나를, 내 친구를, 내 가족을 해칠까 봐 두려웠다. 경찰에 신변보호를 요청했는데도 그는 내 뒤를 밟았고 결국 차에 불까지 질렀다. 나는 더 이상 기댈 곳이 없었다.

그래서 불을 지른 그 남자를 선처해달라고 법원에 호소했다.

선처 후에 집행유예로 풀려난 그가 달라지길 바라고 또 바랐다. 하지만 그는 더 난폭해졌다. 내가 바람을 피운다는 강박과 의심에 사로잡혔다. 더 폭력적으로 굴었고, 더 강압적으로 나의 일거수일투족을 감시했다. 죽이겠다며 나를 옥죄었고 내 가족들을 위협했다.

나는 그에게서 벗어나지 못했다. 나는 한때 가장 사랑했던 사람의 손에 죽었다. 나는 교제살인 피해자다.

51: 채워지지 않는 물음표

"서울시청 광장에 많은 군중이 모였다."
"서울시청 광장에 7만 명의 사람이 모였다."
두 문장의 차이는 명확성에 있다. 단순히 '많다'는 주관적 표현이 아니라 7만 명이라는 숫자를 통해 읽는 사람으로 하여금 규모를 판단하게 한다. 숫자의 힘은 여기에 있다. 전하고자 하는 상황을 정확하게 전달하는 것이다.
한 사회에서 발생하는 범죄의 현황과 심각성을 말할 때도 숫자가 사용된다. 일단 처음으로 전달하려는 숫자는 '데이트폭력 발생 현황'이다. 경찰청이 공개한 '데이트폭력 사건 검거 현황'을 보면, 2016년부터 2019년까지 연평균 9693명의 가해자가 입건되었다. 4년 동안 하루 평균 27명의 가해자가 입건된 셈이다. 데이트폭력이 얼마나 자주 우리 주변에서 벌어지고 있는지 짐작할 수 있다.
포털사이트 검색창에 '데이트폭력'만 검색해도 얼마나 심각한 상황인지 손쉽게 '체감'할 수 있다. 데이트폭력 가해자에게 몇

년 형이 선고되었다거나 혹은 어떤 남자가 교제 중이던 누군가를 때려 입건되었다는 기사를 쉽게 찾을 수 있다. 2021년 3월 15일, 헤어지자고 요구하는 여성에게 폭력을 가한 40대 남성에 대한 기사를 보자. 그는 헤어진 여자가 자신의 연락을 피한다는 이유로 침을 뱉고 주먹으로 얼굴을 때렸다. 그 전에도 여자가 만나주지 않는다며 집으로 무단침입해 여자를 때려 벌금형을 선고받은 전력이 있었다. 이런 그에게 이번에는 집행유예가 선고되었다는 기사였다. 데이트폭력으로 여성이 사망한 기사도 어렵지 않게 찾을 수 있다. 2021년 3월 5일, 30대 남성이 "내 가족을 비난했다"는 이유로 여자친구를 흉기로 찔러 살해했다.

데이트폭력은 너무나 자주 끊임없이 발생한다. 여성이 무자비하게 맞는 영상이 공개되면 화르르 이슈가 되었다가 어느새 금방 묻힌다. 그리고 또다시 데이트폭력이 발생한다. 그때마다 데이트폭력 발생 현황, 데이트폭력 가해자 입건 수 등이 재소환된다. 이런 패턴이 무한 반복된다. 숫자가 현실을 전달하긴 하지만 그뿐이다.

숫자는 정말 '현실'을 그대로 투영하는 것일까? 데이트폭력, 더 나아가 이로 인한 살인 사건의 숫자가 반영하는 현실과 그 숫자가 가려버리는 이면은 무엇일까? 통계학 분야의 세계적 석학 한스 로슬링(Hans Rosling)은 이렇게 말했다.

세계는 수치 없이 이해할 수도, 수치만으로 이해할 수도 없다.●

2019년, 김수민 당시 바른미래당 의원은 2016년부터 2018년까지 3년 동안 데이트폭력으로 사망한 여성은 51명이며 살인미수는 110건에 이른다고 발표했다. 경찰청의 공식 통계라고 했다. 여기서 우리는 물음표가 생겼다. 3년에 51명이면, 1년에 17명이고, 그러면 21.5일마다 한 명이 사망한다는 것인데, 정말일까?

우리가 취재에 돌입한 시기는 2020년 1월이었다. 접근할 수 있는 가장 최근의 공식 통계는 경찰청이 2019년에 발표한 '2018년 데이트폭력 현황'이었다. 다른 자료가 더 없는지 찾아봤다. 대검찰청은 애인 관계에서 발생한 살인 건수를 매년 집계하고 있지만, 가해자 성별에 따른 분류는 하고 있지 않았다. 여성가족부, 서울시 등에서 데이트폭력 경험과 관련된 설문조사를 진행했지만 역시 '얼마나 많은 여성이 데이트폭력으로 목숨을 잃고 있는가'의 답은 내놓고 있지 않았다.

가정폭력과 성폭력 등 여성폭력으로부터 여성 인권을 보호하고 지원하는 '한국여성의전화'는 언론에 보도된 살인 사건을

● 한스 로슬링 외, 《팩트풀니스》, 김영사, 2019.

분석해 친밀한 관계였던 남성에게 목숨을 잃은 여성이 2017년 한 해에만 85명이라고 발표했다. 친밀한 관계에는 '부부'도 포함되지만 그 점을 감안해도 '17'과 '85'는 간극이 너무 컸다. 왜 이런 차이가 나타나는 것일까? 20대 국회에서 데이트폭력 처벌법을 발의한 표창원 당시 더불어민주당 의원은 우리의 이런 의문에 다음과 같은 답을 주었다.

> "경찰의 공식 통계보다 데이트폭력 사망자가 더 많을 것이다. 수사는 기소를 위한 사실관계를 확인하는 것이기 때문에 살인이 명백할 경우 '왜 살해되었느냐'는 간과되기 쉽다. 따라서 이런 경우는 '데이트폭력'으로 구분되지 않았을 가능성이 있다."

사건을 수사하는 경찰이 사건의 성격을 '데이트폭력'으로 보지 않으면 공식 통계에 포함되지 않았을 가능성이 있다는 것이다. 우리는 이 숫자의 진실을, 또 그 너머를 들여다볼 필요가 있다는 생각에 다다랐다.
정말 51명밖에 안 되는 것일까? 어떤 여성들이 어떤 상황에서 죽임을 당한 것일까? 왜 끊임없이 데이트폭력으로 여성이 사망하고 있는 것일까? 이 죽음을 막을 수는 없는 것일까?

108: 최소한의 숫자

2016년부터 2018년까지 3년 동안 데이트폭력으로 사망한 여성 51명. 그녀들은 누구였을까? 어떤 삶을 살았을까? 교제 기간은 얼마나 되었을까? 여자친구를 죽인 그 남자들의 변명은 무엇이었을까? 51명에 대해 더 자세히 알고 싶었지만 경찰이 상세한 자료를 줄 리 만무했다. 국회의원실에도 문의했으나 "개인정보와 관련된 부분이라 자료를 구할 수 없다"는 답변만 받았다.

그렇다면 방법은 하나뿐이다. 바로 판결문을 확보하는 것이다. 데이트폭력 살인 사건이 누구에게 언제 어떻게 발생했는지, 그리고 각각의 사건이 어떤 방식으로 다뤄졌으며 어떤 처벌이 내려졌는지 판결문을 통해 살펴보기로 했다.

판결문을 확보하려면 일일이 찾는 수밖에 없었다. 우리는 서울여자대학교 학생 3명과 함께 법원 '판결서 인터넷 열람' 시스템에 들어가서 판결문을 하나하나 찾기 시작했다. 우선 최근 발표된 경찰청 공식 통계와 비교하기 위해 2016년부터

2018년까지를 검색 기간으로 잡았다. 그리고 '교제·사망', '연인·살해', '데이트·폭력' 등 상상할 수 있는 모든 키워드를 조합해 검색을 시작했다. 우리는 2016년, 2017년, 2018년을 각각 나누어 검색한 뒤 서로 담당 연도를 바꿔서 교차 체크하고, 마지막에는 두 해를 한꺼번에 검색 조건으로 지정해 찾아보는 등 최대한 모든 판결문을 찾아내기 위해 노력했다.

판결문을 찾다 보니 1심뿐 아니라 2심까지 이어진 경우도 많았다. 처음에는 2심 사건을 발견하면 1심 사건과 중복된다는 이유로 제외했다. 그런데 2심에서 형량이 깎이는 사례를 다수 발견했다. 어떤 이유로 형량이 감소되었는지, 2심에서 추가로 합의금이 지급되었는지, 그렇다면 그 액수는 얼마인지 등을 파악할 수 있는 의미 있는 데이터임을 알고 다시 2심 판결문도 함께 모았다.

우리는 두 달 동안 데이트폭력 살인 사건으로 볼 수 있는 모든 판결문을 찾기 위해 분투했다. 연인, 교제, 데이트, 여자친구, 남자친구, 사실혼·사망, 사실혼·살해, 바람·사망, 바람·살해, 결별, 재결합, 밀회, 외도, 내연, 동거·살인, 동거·살해, 교제·살인, 교제·사망, 관계·살인, 관계·살해, 친밀, 집착, 만남, 이별, 유부남, 유부녀, 사랑, 치정, 헤어짐, 애정 등의 온갖 키워드로 검색을 진행했다. 이렇게 101개의 검색 키워드가 정리되었다. 이 키워드를 조합해서 찾아낸 판결문이 140여 개 쌓였다.

우리는 140여 개의 판결문을 차근차근 읽고 세부적으로 정리하기 시작했다. 우선 '데이트폭력 살인 사건'으로 볼 수 있는 사건과 그렇지 않은 사건을 구별할 필요가 있었다. '썸'만 탔는데 이것을 데이트폭력 살인 사건으로 볼 수 있을까? 이미 헤어진 지 10년이 넘었는데 이런 경우도 포함해야 할까? 여성이 남성을 죽인 경우는 어떻게 해야 할까? 우리는 여러 가지 복잡한 질문 앞에서 머리를 맞대고 기준을 세워나갔다.

우리는 '교제'라고 볼 수 있는 명확한 정황이 담긴 판결문만 포함하기로 했다. 즉 '법적으로 결혼하지 않은 상태에서 서로 사귀다가 상대를 죽인 사건'을 '교제살인'으로 정의한 것이다. 또한 '남성이 여성을 죽인 사건'에 집중하기로 했다.

이런 기준으로 판결문을 분석하니 남성이 여성을 죽인 사건이 108건으로 압도적으로 많았다(반대로 여성이 남성을 죽인 사건은 2건이었다). 그렇게 우리 앞에는 108건의 '교제살인' 판결문이 남았다.

68: 안전하다고 믿었을 그곳

108, 이 숫자의 의미는 무엇일까? 2016년부터 2018년까지 1096일 가운데 108일에 교제살인이 발생했다는 뜻이다. '최소한' 열흘에 한 명이 그렇게 죽고 있다는 말이다. '최소한'이라고 강조한 이유는 우리가 찾아낸 판결문들이 데이트폭력 살인 사건 전부를 의미하지 않기 때문이다. 언론 기사로는 알려진 사건인데 판결문을 찾지 못한 경우도 있었고, 비공개로 설정되어 접근 자체가 불가능한 판결문도 있었다. 101개의 관련 키워드를 조합해서 두 달 넘게 검색했지만 미처 우리가 찾지 못한 사건이나 판결문도 분명 있을 것이다.

108이라는 숫자를 들여다보면, 해마다 '죽음'의 숫자가 비슷하다는 것을 알 수 있다. 2016년에 발생한 교제살인의 피해 여성은 모두 38명이었다. 2017년에는 32명, 2018년에는 38명의 여성이 사귀던 남성에게 목숨을 잃었다.

108건의 판결문을 출력했더니 전체 1362쪽에 달했다. 여기에 108명 여성의 죽음들이 담겨 있었다. 우리는 1362쪽에 대한 분석에 돌입했다. 108건의 판결문 속에서 의미를 부여할 수 있는 '숫자들'을 도출하는 작업이었다.

우선 108건의 판결문을 '범행', '재판', '교제'의 세 카테고리로 나누어 각각 들여다봤다. '범행'에는 사건 발생 시점, 장소, 우발 범행인지 계획 범행인지, 살해 방법 등의 내용을 담았다. '재판'에는 사건번호, 형량, 주심 판사, 부심 판사, 변호사, 심신미약을 주장했는지 여부, 합의 여부, 2심 형량 등을 기록했다. '교제'에는 교제 형태(연인, 내연, 재교제), 교제 기간, 다툼의 이유, 교제중단 요구 여부, 피해자 나이, 가해자 전과 등의 내용을 포함했다.

먼저 '범행'에서 눈에 띄었던 것은 장소였다. 68명의 여성이 자신의 또는 남자친구의 거주지 안에서 살해당했다. 3명의 여성은 거주지 인근에서 살해되었고, 5명은 차 안에서 목숨을 잃었다. 피해자 10명 중 7명이 가장 안전하다고 믿었을 공간에서 살해된 것이다. 남자친구였다는 이유로, 한때 가장 사랑했던 사람이었다는 이유로 피해자는 자신의 영역을 내어주거나(또는 어쩔 수 없이 내어줄 수밖에 없었거나) 가해자의 공간에 발을 디뎠을 것이다. 그 끝은 죽음이었다.

95명의 여성이 단둘이 있을 때 죽임을 당했다. 목격자가 없는 죽음이다. 이는 범행 당시를 증명할 사람이 가해자뿐이라는 뜻이다. 둘이 있을 때 범행이 일어났기에 남자들은 손쉽게 우발적으로 벌어진 일이라고 주장했다. 말다툼을 하다가, 술을 마시다가 순간적으로 화가 나서 여성을 죽였다고 말했다. 자신이 격분한 이유와 원인을 여성이 제공했다고 주장했다. 그리고 남자의 그 말은 재판 과정에서 받아들여졌다. "피고인이 격분해 우발적으로 범행을 저지른 점"이 감형 이유가 되는 사례를 우리는 판결문 속에서 숱하게 목격했다.

피해자 중 절반에 가까운 여성들이 남성의 오롯한 물리력으로 목숨을 잃었다. 피해자 108명 중 30명이 교살(絞殺, 목을 졸라 죽임)당했다. 목을 짓누르는 억센 힘에 여성은 제대로 저항하지 못한 채 삶을 마쳤다. 폭행으로 죽음에 이른 여성도 23명이었다. 남성이 휘두른 주먹과 발, 의자 등에 맞아 죽었다. 옆구리를 걷어차이고 머리를 강타당한 여성들은 복강 내 출혈이나 뇌출혈을 앓다가 죽어갔다. '교살'과 '폭행 살인 및 폭행치사'는 남성의 압도적인 힘으로 여성을 살해했거나 죽음에 이르게 했다는 점에서 동일하다. 그 죽음이 가장 믿었거나 친밀했던 남성에 의해 저질러졌다는 점에서 비극적이다.

가해 남성들은 주변의 온갖 사물을 닥치는 대로 흉기로 사용했다. 그 결과로 누군가는 골프채에, 망치에, 소주병 6개에 연달아 머리를 맞고 죽었다. 누군가는 식칼에, 회칼에, 커터 칼에 찔려 죽었다. 이렇듯 흉기나 둔기에 의해 목숨을 잃은 여성은 48명에 달한다.

물리력 외에 다른 수단을 동원한 경우도 있었다. 어떤 여자는 세탁소에서 녹물을 지우는 데 쓰는 유독물질인 불산을 얼굴에 뒤집어쓰고 지독한 고통 속에 죽었다. 어떤 여자는 남자가 휘발유를 뿌린 후 불을 붙여 사망했다.

5.4: 그의 양형

108건의 판결문을 분석하면서 우리가 주목한 것은 무엇보다 양형이었다. '재판' 과정에서 여자친구를 죽인 남자들은 몇 년 형을 받았을까? 감옥에 가기는 했을까?

남자들에게 적용된 죄명은 크게 '살인죄'와 '치사죄'로 구분된다. 상대를 죽일 의도가 있었을 경우에는 '살인'으로 적용되고, 죽일 의도는 없었지만 죽음에 이르게 한 경우에는 '치사'로 적용된다. 108건 중 살인죄가 선고된 경우는 85건(78.7%)이었고, 치사죄가 적용된 경우는 23건(21.3%)이었다. 감옥 수형 기간을 수량화할 수 없는 무기징역 8건과 집행유예 2건을 제외하고 98건을 대상으로 평균 형량을 계산했다. 연인을 죽인 가해자 98명의 평균 형량은 14.9년이었다.

형량을 좀 더 자세히 살펴보기 위해 살인과 치사를 나눠서 분석했다. 98건 중 살인은 77건이고 치사는 21건인데, 살인 사건 77건의 평균 형량은 17.1년이었다. 범행 유형별로 따져봤더니 흉기나 둔기로 살인한 경우가 41건으로 가장 많았으며 평균 형량도 18.2년으로 가장 높았다. 그다음으로는 교살이 29건으로 많았으며 평균 형량은 15.6년이었다. 추락 살인은 1건으로 징역 15년이었다. 폭행 살인도 3건이나 있었는데, 평균 형량은 13년으로 상대적으로 낮았다. 폭행 살인 3건 중 2건은 미필적 고의(어떤 행위로 범죄 결과가 발생할 가능성이 있음을 알면서도 그 행위를 행하는 심리 상태)에 의한 살인이었다.

> 살인의 고의는 반드시 살해의 목적이나 계획적인 살해의 의도가 있어야만 인정되는 것은 아니고, 자기의 폭행 등 행위로 인하여 타인의 사망이라는 결과를 발생시킬 만한 가능성 또는 위험이 있음을 인식하거나 예견하였다면 충분하며, 그 인식이나 예견은 확정적인 것은 물론 불확정적인 것이라도 이른바 미필적 고의로 인정되는 것이다.
> ─ 서울서부지방법원 제12형사부, 이성구 부장판사, 2016고합○○○

사람을 때리고 위협해 죽음에 이르게 했지만 그 과정에 고의나 미필적 고의가 없었다고 인정되어야 '치사'다. 이런 치사 사건은 모두 21건이며 평균 형량은 6.6년이었다. 이 중 3건은 각각 방화치사(징역 25년), 특수감금치사(징역 10년), 강간치사(징역 7년)였다. 대화를 거부한다고 버스에 불을 질러 운전사로 일하던 여성을 죽음에 이르게 했고, 이별을 통보했다고 모텔 방에서 칼을 들고 위협해 이를 피하려던 여성이 베란다에서 떨어져 죽었으며, 성폭행을 한 뒤 화가 난다는 이유로 여성을 밀어 방바닥에 머리가 부딪혀 숨지게 했다.

나머지 18건은 모두 '폭행 및 상해치사'였다. 피해자를 골프채로 구타한 사건(징역 5년)도 있었고, 주먹으로 때리다 피해자가 실신하자 복도로 끌고 나가 20분을 방치했다가 다시 폭행한 사건(징역 4년)도 있었다. 가해자가 격분하여 "주먹과 발로 온몸을 수십 회 때리고, 넘어진 피해자를 수회 발로 짓밟고", 그 후 대화를 하다 다시 격분하여 "머리 부위를 수회 때리고, 발로 옆구리 부위를 수회 밟고, 손으로 목 부위를 쳤고", 이어 재차 분노해 "주먹으로 얼굴을 수회 때리고, 손으로 목을 쳐 넘어뜨리고, 넘어진 피해자에게 올라타 손으로 목을 조른" 사건(징역 3년 6개월)도 상해치사였다.

사람을 죽도록 폭행했지만 그 과정에서 고의나 미필적 고의가 없었다고 검찰과 재판부는 판단한 것이다. '폭행 및 상해치사'에 해당하는 18건의 평균 형량은 5.4년이었다.

78: 전자발찌도 없이

판결문에서 자주 보이는 문구가 하나 있다.

> 이 사건 부착명령 청구는 이유 없으므로 전자장치 부착 등에 관한 법률에 따라 이를 기각한다.

여자친구를 죽게 한 남자가 형을 마치고 세상에 복귀할 때 전자발찌를 채우지 않겠다는 법원의 판단이다. 연인을 죽인 남자에 대해 검사가 전자발찌 부착명령을 청구한 41건의 사건에서 기각률은 78퍼센트에 달했다.

전자발찌는 검찰이 부착명령을 청구하면 재판부가 부착 여부를 결정한다. 현행 '특정 범죄자에 대한 보호관찰 및 전자장치 부착 등에 관한 법률(전자장치부착법)'에서는 성폭력, 미성년자 유괴, 살인, 강도 등의 범죄를 저질렀을 경우 '위치추적 전자장치(전자발찌)'를 부착할 수 있도록 규정하고 있다.

108건의 판결문 가운데 검사가 전자장치 부착명령을 청구한 경우는 총 41건이었다. 이 중에서 32건(78%)은 기각되었고, 재판부가 부착을 명한 것은 9건에 그쳤다. 78퍼센트는 평균적인 기각률을 훨씬 웃도는 수치다. 2014년부터 2019년까지 최근 5년간 전자발찌 부착명령 기각률은 63퍼센트로 조사되었다(송기헌 더불어민주당 의원이 발표한 2019년 9월 국정감사 자료). 전자장치 부착명령이 기각된 32건의 교제살인 중에는 사귀던 여성을 21차례나 찔러 사망에 이르게 한 사건도 있었다. 이 남자에 대한 전자장치 부착명령을 기각한 재판부는 "평소의 성격이나 성품이 타인을 살해하거나 상당한 위해를 가할 정도로 폭력적이라고 판단할 근거나 정황은 찾기 어렵다"고 이유를 밝혔다. 그는 20년 형을 선고받았다.

다른 남자도 마찬가지였다. "평소 술을 마신 상태에서 피해자를 폭행하고, 이에 피해자가 112 신고를 하면 이를 빌미 삼아 다시금 피해자를 폭행하곤 했다"는 이 남자는 결국 식칼로 여성을 찔러 살해했다. 징역 15년을 선고한 재판부는 "피고인에게 평소 살인을 저지를 정도로 과격한 폭력 성향이 있음을 단정할 정황은 되지 못하는 점" 등을 이유로 전자장치 부착명령 청구를 기각했다.

집행유예 기간 중에 여성의 목을 졸라 살해한 남자에 대해서는 "피고인에게 폭력 전과가 있으나 피해자와 다투다가 비롯된 전력으로서, 피고인의 범죄 전력만으로 피고인에게 폭력

성향이 있다고 단정 짓기 어렵다"고 했다. 그는 10년 형을 선고받았다.
그들은 10년, 15년, 20년 뒤, 아니 어쩌면 이보다 빨리 출소할 것이다. 전자발찌도 없이.

30: 헤어지자고 했을 뿐이다

108명의 죽음에는 공통점이 있다. 피해를 입은 여성 108명 모두 죽음에 이를 만한 이유가 없었다는 점이다. 술을 그만 마시라고 했다고, 또는 술에 취했다고 죽임을 당했다. 돈을 아껴 쓰라고 했다고, 또는 돈을 아껴 쓰지 않는다고 맞아 죽었다. 다른 남성에게 호감을 보이는 말을 했다는 이유로 무차별적으로 구타를 당해 사망한 여성도 있었다. 먼저 집에 갔다고, 혹은 아무런 이유 없이 맞아 죽은 여성도 있었다.

'교제' 카테고리로 분류한 피해 여성의 나이를 분석한 결과, 교제살인은 특정 연령에 국한된 문제가 아니었다. 판결문 108건 가운데 1건을 제외하고 모두 피해자의 나이가 명시되어 있는데, 교제하던 여성을 죽음에 이르게 한 폭력은 청년, 중년, 노년을 가리지 않았다. 40대 피해자가 33명(30.8%)으로 가장 많았고, 30대와 50대 피해자 또한 각각 26명(24.3%)이었다. 20대 피해자는 16명(15.0%)이었고, 60대 이상 피해자도 6명(5.6%)이나 있었다. 여성의 거의 전 일생에서 교제살인이 발생하고 있는 것이다.

그리고 판결문에 숱하게 등장하는 문장이 있다.

> 피해자가 헤어지겠다는 의사를 밝히자…
> 헤어진 피해자를 찾아가 대화를 하자고 하였으나 응하지 아니하자…
> 피해자에게 다시 교제하자고 하였지만 끝내 이를 거절하였고…

교제살인 판결문 108건 가운데 가해자에게 교제중단을 요구했던 정황이 명시적으로 나타난 경우는 30건(27.8%)에 달했다. 여자들은 어떡해서든 이 관계를 끝내고 싶어 했다. 그러나 할 수 있는 일은 "헤어지자"고 말하는 것뿐이었다. 남자들은 결코 이별을 받아들이지 않았다. 격분했다. 그리고 죽였다. 그녀들은 그만 만나자고 했을 뿐이다. 그리고 죽었다.

57: 가려진 죽음

경찰청 통계에 등장하는 51명. 2016년부터 2018년까지 3년 동안 데이트폭력으로 사망한 여성의 숫자다. 다시 돌아본 이 숫자의 의미는 무엇일까? 바로 '무관심'이다.

살인 현장을 맞닥뜨린 경찰이 남자와 여자의 '관계'에 관심을 가졌더라면 그 사건은 데이트폭력 살인 사건으로 명명되었을 것이다. 경찰이 살인 현장에서 여자가 겪은 고통의 시간을 이해하고 수사를 진행해나갔다면 데이트폭력 살인 사건으로 분류되었을 것이다. 경찰이 여자의 가족과 친구를 조사했다면 그녀가 얼마나 오랜 기간 동안 남자의 폭력에 노출되어 공포에 떨었는지 알게 되었을 것이다.

경찰이 사건의 '관계성'과 '여성의 고통'에 조금만 더 관심을 두고 사건을 조사했다면 경찰이 내놓은 통계는 데이트폭력으로 인해 얼마나 많은 여성들이 죽어가고 있는지를 보여주는 바로미터가 되었을 것이다. '데이트'라는 달콤한 단어에 가려진 데이트폭력의 참혹함이 지금보다는 훨씬 더 극명하게 드러났을 테니 말이다.

그러나 안타깝게도 우리가 찾아낸 108건의 판결문 가운데 57건은 '공식 통계' 밖의 죽음이 되었다. 적어도 우리가 지금까지 밝혀낸 것만 해도 그렇다. '51명'이라는 공식 통계는 데이트폭력 살인 사건의 현실을 가리키지만 동시에 일부를 가려 버린다.

51과 108. 이 숫자들이 가리키는 진실은 하나다. '최소한'의 숫자라는 것이다. 108명보다 훨씬 더 많은 여성들이 남성과 사귀다가 죽임을 당하고 있다는 것, 그리고 우리에게 이 죽음을 제대로 짚어낼 공식적인 숫자조차 없다는 것, 이것이 진실이다.

2019년 12월 여성폭력방지기본법의 시행으로 여성에 대한 폭력범죄 통계를 국가가 통합적으로 구축하고 공표할 수 있도록 하는 법적 근거가 마련되었다. 하지만 2021년 3월 현재까지도 여전히 '젠더폭력'에 대한 국가의 종합 통계는 존재하지 않는다.

남겨진 사람들

이 '숫자'들이 설명하지 않는 이야기는 여전히 많다. 무엇보다 죽은 이는 말을 건넬 수 없다. 그리고 '그 남자'에 의해 자식을 혹은 친구를 혹은 부모를 잃은 사람들, 잔혹한 사건 뒤에 남은 사람들의 이야기는 어디에도 기록되지 않는다. '열흘에 한 명이 연인에게 목숨을 잃었다'는 데이터 속에는 사랑하는 사람을 한순간에 잃은 '남겨진 사람'들의 애끓는 마음은 포함되지 않는다.

일명 '당진 자매 살인 사건'으로 세상에 알려진 사건 역시 그랬다. 동생의 남자친구가 동생과 언니를 모두 죽였다는 비극만 강조되었다. "동생과 다투다 우발적으로 죽였다"는 '그 남자'의 목소리만 판결문에 담겼을 뿐이다.

2020년 6월 25일 밤, '그 남자'는 자신의 여자친구를 살해했다. 여자친구가 잠든 후 목을 졸랐다. 그리고 그 남자는 같은 아파트에 사는 여자친구의 언니 집에 침입했다. 다음 날 새벽에 퇴근하고 돌아온 언니마저 살해한 뒤 언니의 휴대폰과 신용카드, 차량 등을 훔쳐 달아났다. 자매의 시신은 6일이 지난 후에야 발견되었다.

"구더기가 발발 끓는" 두 딸의 시신을 아버지가 수습했다. 판결문에는 남겨진 이들의 고통과 신음은 담기지 않았다. 우리는 아버지의 이야기를 듣고 싶었다. '그 남자'의 재판정에서 본 아버지 나종기 씨의 허망한 뒷모습이 내내 잊히지 않았기 때문이다.

'그 남자'의 재판정

살인에 강도, 폭행. 자신의 죄가 나열되는 동안에도 그 남자는 침착한 듯 보였다. 자신의 죄를 뉘우친다며 18차례에 걸쳐 반성문을 쓴 그는 두 손을 포갠 채 미동도 없이 서 있었다. 들숨과 날숨이 1초에 한 번씩 가쁘게 오갔다.

아버지 나종기 씨는 방청석에서 판사만 바라보고 있었다. 재판정 오른편에 서 있는, 작은딸의 남자친구였던 그 남자에게는 눈길조차 주지 않았다. 판사의 입에서 '사형'이 선고되기만을 기다리는 듯했다.

그 남자에게 무기징역이 선고되었다. 아버지의 숨이 빠르게 교차되었다. 아버지는 자리를 박차고 일어섰다. 판사의 선고가 다 끝나고 그 남자가 빠져나간 법정 안에서 아버지의 판결이 시작되었다. 아버지는 사형을 말했다.

"너무 억울합니다, 판사님. 무기징역은 너무 억울합니다. 무기징역이 마땅한가… 저희들에게 납득할 수 있는 답을 주십시오. 사람 둘을 죽여놓고 도피하면서 시신이 부패하는 동안 다섯 번에 걸쳐서 106만 7000원을 소액결제해서 게임한… 저게 악마예요. 그게 심신미약자가 할 수 있는 일입니까? 저런 사람이 뭐가 중요해서 우리가 낸 세금으로 살려줍니까. 제가 죽는 게 나아요."

검찰은 앞선 결심 공판에서 그 남자에게 사형을 구형했다. 검찰은 "잔혹한 범죄로 피해자들의 생명을 빼앗은 피고인에게 법정 최고형을 내려달라"고 했다. 결심 공판 이후 2주 동안 '사형'이라는 단어 하나만을 바라며 버텨왔던 아버지를 향해 김수정 부장판사(대전지방법원 서산지원 제1형사부, 2020고합○○)는 이렇게 말했다.

"이 재판부에 말씀하셔봐야 판결은 이미 선고되었습니다."

1심 재판이 이렇게 끝났다.

잠들지 못하는 밤

법정에서 나온 아버지는 하염없이 땅만 바라보고 서 있었다. 말을 잃은 듯 보였다. 훗날 우리는 아버지 나종기 씨에게 물었다.
"재판이 끝나고 무슨 생각이 드셨습니까?"
"왜 살았을까, 내가 왜 버텼을까 싶더군요. 원래는 타워크레인에 올라가서 농성하려고 했어요. 그놈의 신상을 공개하라고. 그때 할걸, 차라리 뛰어내려버릴걸… 하지 못한 게 한스럽더라고요. 주변에서 말리더라고, 재판 결과 좀 보자고…."
그렇게 버틴 결과가 무기징역이었다. 아버지는 "돌아버리기 일보 직전"이라고 했다. 검찰도 항소했지만 그 남자도 항소했다. 곧 2심 재판이 열릴 예정이다. 아버지는 말했다.
"2심이 끝나더라도 (사형이 선고되지 않으면) 나는 상고까지 갈 겁니다. 그때까지 (포기하지 않고) 살아 있을 겁니다."
그 이후에 대해서는 차마 더 물어볼 수 없었다.
위태로운 아버지를 지인들이 붙잡아주고 있었다. 경기도에 있는 건설현장에서 일하느라 부산에 있는 가족과 떨어져 지내는 아버지가 혹여라도 나쁜 마음을 먹을까 봐 지인들이 숙소에서 함께 지냈다. 살아도 산 게 아닌 날들이었을 것이다.
아버지는 나이 스물에 큰딸을 낳았다. 40년 전 공사현장에

뛰어든 것도 아내가 큰딸을 임신하면서부터였다. 아버지에게는 친구 같은 딸들이었다. 하지만 "누구 도움 10원도 안 받고 남부럽지 않게 성의껏 키운 두 딸"이 이렇게 허망하게 가 버렸다.

"20년 차이 허물없는 친구였죠. 이제 재미있게 살자 했는데 어느 날 갑자기… 모든 게 다 무너졌습니다."

남에게 피해 주기 싫어서 20년 전에 술을 끊었고 10년 전에는 담배마저 끊었다. 딸들에게도 마찬가지였다. 큰딸이 마흔이 되도록 용돈 한 번 받은 적이 없다. "아빠는 아직 회사에 다니고 있으니 나한테 1원도 줄 생각 말고, 너희들 먹고사는 데다 쓰라"며 사양했다. 사건 발생 두 달 전쯤에 두 딸은 아버지 환갑이라며 현금 50만 원과 꽃다발을 준비했다. 아버지는 딸들의 그 마지막 선물을 버리지 못했다. 아직도 꽃다발째로 차에 싣고 다닌다.

"1원어치도 죄 안 짓고 살았던" 삶에 닥친 비극이었다. 어디서부터 잘못된 것일까? 도무지 알 수 없었다. "부아가 치밀어 잠들지 못하는" 밤이 쌓이고 있었다.

마땅한 처벌

아버지는 1심 공판을 앞두고 청와대에 청원을 올렸다. "심신미약을 주장하는 범인이 제발 마땅한 벌을 받을 수 있도록 해 달라"고 호소했다. 또 "그놈의 신상정보를 공개해야 한다"고 주장했다. 2020년 12월 23일에 올린 청원은 2021년 1월 22일에 마감되었다. 26만 545명이 청원에 동의했다. 드디어 청와대 답변이 올라왔다.

> 가해자에 대한 엄중 처벌에 대해서는 현재 재판이 진행 중인 사안이라 국민청원에서 답변을 드리기 어려운 점을 양해 부탁드립니다. (중략) 법원에서도 심신미약 감형에 대해 더욱 엄격하게 판단하고 있는 추세입니다. 부디 재판 과정에서 가해자가 저지른 범죄에 대한 마땅한 처벌이 이뤄지길 바랍니다.
> — 청와대 국민청원 답변, 2021년 2월 19일

"청와대 답변을 보고 깜짝 놀랐습니다. 이럴 바엔 국민청원을 왜 합니까. 26만 명 넘게 동의를 받느라고 무던히 노력했는데… 엄청 고생해서 해놓은 결과물이 뭡니까? 아무것도 없잖아요."

'마땅한 처벌'이라는 원론적인 답변 앞에 아버지는 또 무너졌다.

"신상 공개라도 해야 하는 것 아닙니까. 1심에서 무기징역이 나왔는데, 무기징역은 가석방으로 나올 가능성이 높지 않습니까. 외손주들이 커가고 있는데… 그놈이 가석방으로 나와 우리 애들을 찾아 나서면 어떡합니까. 내가 죽고 난 뒤에 우리 손녀한테… 제3의 범죄가 일어나서는 안 되지 않습니까."

엄마의 장례식장에서 "엄마 죽인 사람 어디 있냐"고 묻는 손자들에게 차마 아무런 답도 할 수 없었다. 아버지는 특히 고등학생 손녀가 눈에 밟힌다고 했다. 날이 갈수록 짙어지는 엄마를 향한 그리움을 부여잡고 반에서 1등을 놓치지 않는 손녀가 장해서라도 아버지는 "포기할 수 없다"고 했다.

"무기징역 받아서 평생 감옥에서 못 나온다면 받아들이겠어요. 그런데 아니잖아요. 감형이 되어 나오잖아요. 사형 선고를 해도 사형시키지 않는다는 것을 저도 잘 압니다. 그래도 어떡해서든 못 나오게 하려고 이러는 겁니다. 사회에서 영원히 격리시킨다면 사형이 마땅합니다. (그놈이) 얼마나 악랄하게 범행을 저질렀는지 제가 밝혀내야 해요."

아버지가 믿을 수 있는 것은 자신밖에 없었다.

"정부도 사법부도 우리에게 해준 게 아무것도 없습니다. 피해자에 대해 알아주는 사람 아무도 없어요. 정말 아무도 없어요."

죽은 이는 말할 수 없다

2심을 앞두고 그 남자의 '악랄함'을 입증하기 위해 아버지는 고군분투 중이다. 그 남자가 과거에 일했던 가게를 수소문하고, 그 남자가 죽은 딸들의 휴대폰으로 소액결제를 한 내역을 알아낸 것도 아버지다.

"휴대폰 요금이 너무 많이 나와 이상해서 뽑아봤어요. 애들이 6월 25일에 죽었는데, 두 딸 휴대폰으로 6월 30일, 7월 1일에 소액결제를 한 내역이 있더군요. 소액결제 1일 한도가 30만 원인데 딱 맞게 계획적으로 썼어요. 106만 7000원으로 온라인 게임을 한 놈이에요. 제가 찾아내서 당진경찰서에 정식으로 고발했어요. 검사가 배정되었더군요. 그놈 악랄한 거 내가 밝혀내야죠. 경찰에서 안 하고 있으니까."

아버지는 '왜'라는 의구심을 떨칠 수 없다고 했다. 왜 우발적 살인이라고 하는지, 사인이 교살은 맞는지, 도대체 왜 두 딸을 죽였는지, 덩치 큰 그놈이 큰딸 집 창문으로 침입했다는데 어떻게 창문이 구부러지지 않고 멀쩡한지, 왜 요가매트가 화장실에 있었는지, 그놈은 왜 쓰레기통까지 뒤졌는지, 그리고 경찰은 왜 현장검증을 하지 않았는지, 모두 의문이다.

"우리 애를 침대에서 목 졸라 죽였다는데, 그렇다면 침대가 흐트러져 있어야 하잖아요. 그런데 제가 현장에 가보니 가지런

했어요. 목 졸라 죽였다는 그놈 말만으로는 사인을 가려낼 수 없는 거예요. 사인불명이에요. 큰애가 돈이 많다는 걸 알고 계획적으로 범행을 저지른 것 같아요. 큰애가 하는 가게가 장사가 잘되었어요. 저만치 터를 닦아서 이제 막 피려고 했는데 너무 아깝죠. 큰애가 외제 차도 몰고 하니까 탐났을 것 같아요. 공소장을 보니 그놈이 절도죄를 세 번이나 저질렀더군요. 그 잔머리로 미리 범행 계획을 세우지 않았을까 싶은 겁니다. 작은애와 말다툼해서 우발적으로 죽였다? 작은애가 잠들길 기다렸다가 죽였으면 그것부터 계획 범행 아닌가요? CCTV에 찍히지 않으려고 큰애 집까지 계단으로 걸어서 올라갔잖아요. 그게 어디 우발입니까. 그런데도 우발적이다, 심신미약이다, 가해자가 진술한 대로만 조서가 꾸며졌어요. 망자는 말이 없죠. 너무 억울합니다."

경찰에 확인해보니 현장검증은 실제로 이뤄지지 않았다. 당진경찰서 관계자는 "당시 사건 현장 감식 과정에서 피의자 지문이나 유전자가 모두 나왔고, CCTV 등을 통해서도 피의자 진술과 현장 상황이 일치한다는 것을 확인했기 때문"이라고 이유를 설명했다.

아버지는 거듭 억울하다고 했다. "수사가 좀 더 치밀하게 이뤄졌다면 사형이 선고되었을 확률도 높아졌을 것으로 보느냐"고 질문하니 곧바로 "그렇다"고 했다. 그렇기에 아버지는 처음부터 '당진 자매 살인 사건'이 아닌 '당진 연쇄살인 사건'으로 명명되었어야 한다고 여겼다. '연쇄살인'이라면 사안을 더 엄중하게 봤을 것이고, 수사의 방향도 시작부터 달라질 수 있었다는 생각에서다.

"한 장소에서 죽인 게 아니잖아요. 작은딸 죽이고 큰딸 집 가서 또 죽인 건데. 이건 연쇄살인이죠. 연쇄살인마예요. 이걸 왜 자매 살인 사건이라고 부르나요."

무기징역을 받아도 감형되어 출소하는 경우가 있는 만큼 딸들이 '어떻게, 무슨 이유로 죽임당한 것인지' 밝혀내는 것은 아버지에게 절박한 일이다.

"제가 이렇게 한다고 해서 돈이 나오겠어요? 아니잖아요. 다만 한 가지, 저놈 못 나오게 하려고, 나와서 또 다른 범죄를 저지를까 봐 미연에 방지하려고 이렇게 발버둥 치며 돌아다니는 겁니다. 다른 거 없어요."

아버지는 "끝까지 갈 것"이라고 했다.

"저는 애들 얼굴도 못 봤어요. 썩어 문드러져서… 큰 봉투에 담아 애들을 보냈습니다. 이런데 어떻게 부모로서 용납이 되겠습니까. 목 조른 후에 자수라도 했으면 (시신을 빨리 수습해서) 얼굴이라도 깨끗하게 보고 정리해서 보낼 수 있었을 텐데… 얼마나 한이 맺혀요. 어찌 됐건 끝은 봐야죠. 제가 죽는 한이 있더라도 법이 살아 있다는 걸 보여주고 싶습니다."

끝나지 않은 이야기

아버지의 카카오톡 프로필은 여전히 두 딸과 함께 찍은 사진이다. 아버지와 팔짱 낀 큰딸, 그 곁에서 환하게 웃고 있는 작은딸.
사건 발생 불과 12시간 전에도 큰딸은 아버지에게 메시지를 보냈다.

> "힘들어도 내 생각 하면서 파이팅하세요. 맘에 안 들면 때려치워요. 내가 먹여 살릴 테니께. ㅋㅋ 점심 챙겨 드세요.♡"

아버지를 걱정하는 다감한 딸이었다. 이제는 볼 수 없는 두 딸을 카톡에서 불러봤다.

> "많이 보고 싶다. 내 딸들."(2020년 7월 19일 21:30)
> "내 딸들 잘들 지내지."(2020년 7월 22일 14:34)

답이 없었다. 대낮에도 한밤중에도 그리움이 사무쳤다. 아버지는 두 딸을 놓을 수가 없다. 명명백백하게 모든 것이 밝혀질 때까지 이 고군분투를 끝낼 수가 없다.
가해자의 진술에만 의존하는 수사는 부실할 수 있다. 가해자의 진술에 의존하는 재판 역시 부실할 수 있다. 답이 채워지지 않는 물음표 앞에서 남은 사람들의 고통은 더 클 수밖에 없다. 국가가 왜 있는 것일까.

인터뷰 • 이수정 경기대 범죄심리학과 교수

여자들도 살 권리가 있다

50대 택시기사가 토막 난 사체로 발견되었다. 그 남자를 죽인 사람은 아내와 딸이었다. 2004년 7월의 일이다. 포승줄에 묶여 범행 현장검증을 하는 모녀를 찍은 사진을 게재하며 언론들은 '비정한 모녀', '자신의 아버지를… 어떻게'라고 제목을 붙였다.

경찰은 조서 '범행동기'란에 "부부간 불화가 있던 중 앙심을 품고 남편을 살해한 사건"이라고 적었다. 당시 경찰은 이수정 경기대학교 범죄심리학과 교수에게 가해자인 아내와 딸을 만나달라고 부탁했다. 남성 시신 중 허벅지가 사라졌으니 모녀를 만나 이야기를 듣고 허벅지를 어디에 유기했는지 찾아달라는 요청이었다.

이때 이 교수의 관심은 허벅지가 아니었다. '앙심'이라는 단어에서 눈을 뗄 수 없었다고 했다. '앙심(怏心): 원한을 품고 앙갚음하려고 벼르는 마음.' 경찰은 20년간 가정폭력을 당한 아내가 남편을 죽인 이유를 '앙심'이라고 적어놓았다. 정말 앙심 때문일까? 2004년 7월 29일, 그날도 남자는 술에 취해 흉기를 들고 아내와 딸을 죽인다며 행패를 부렸다. 20년 동안 상습 폭행에 시달린 모녀는 피해자였고, 그 남자를 죽이는 순간 가해자가 되었다.

"앙심이 맞는지 정말 의문이었다. 이건 앙심이 아니라 자기방어적 본능일 수도 있음을 설득하는 데 내 평생을 쏟아부어야겠다고 결심했다."●

이 교수는 이 사건을 계기로 범죄심리학에 몰두했다. 그렇게 20여 년이 흘렀다. 1세대 프로파일러로 이 교수는 n번방 사건, 안인득 방화 살인 사건, 강남역 여성 살인 사건 등이 발생할 때마다 왜 이런 비극이 벌어졌고, 어떻게 해야 이를 막을 수 있을지 분석하고 성토했다.

범죄자의 심리 분석에 그치지 않고 제도적 해결을 모색해왔다. 전자발찌 도입 기준을 마련하는 데 힘썼고, 스토킹처벌법을 제정해야 한다는 데 뜻을 모을 수 있다면 여야를 막론하고 손잡았다. 가정폭력, 데이트폭력, 스토킹, 랜덤 채팅 앱의 악용 등 여성과 어린이를 대상으로 한 범죄를 막기 위해 뜨겁게 끊임없이 목소리를 내왔다.

● 〈앙심, BBC '올해의 여성 100인' 이수정을 바꾼 한 단어〉, 한겨레, 2019년 11월 3일.

그런 이 교수에게 우리는 묻고 싶었다. 20년 동안 여성들의 죽음을 다뤄온 그에게 '108'이라는 숫자는 어떤 의미로 다가오는지? 왜 남자들의 '격분'이 감경 사유가 되는지? 왜 수사 과정에서, 기소 단계에서, 재판정에서 죽은 여자의 목소리는 음소거되고 남자의 '반성'만 받아들여지는지? 어떻게 그 남자들은 여자친구를 죽이고도 자유를 얻게 되었는지? 이것을 가능하게 만드는 구조는 무엇인지? 단 한 명의 여성이라도 덜 죽게 하려면 당신은, 나는, 우리는 무엇을 해야 하는지? 답 없는 질문의 답을 구하고 싶었다.

―――――

― 2016년부터 2018년까지, 법적으로 결혼하지 않은 상태로 서로 사귀다가 상대를 죽인 사건 108건의 판결문을 조사했습니다. 먼저 '108건'이라는 결과에 대해 어떻게 생각하시는지 묻고 싶습니다.

빙산의 일각일 겁니다. '살인'이 적용되려면 살인의 고의가 인정되어야 하는데, 대부분 애인 간의 실랑이 끝에 폭행이 진행되고 그래서 결국 죽음에 이르다 보니 법원이 살인의 고의를 잘 인정하지 않습니다. 피해자는 죽었고, 그러니 말이 없고,

가해자는 피해자가 죽게 될 줄은 몰랐다고 말하고, 그러니 미필적 고의도 인정되지 않는 거죠. 다만 폭행 끝에 사망하면 폭행치사, 상해 자국이 남아 있으면 상해치사가 됩니다. 사건들이 '교제 관계' 안에서 일어났음이 명확히 구분되지 않고 일반 치사 혹은 살인 사건에 섞여 있으니 정확한 통계를 알 수 없는 거죠. 수사나 기소 단계에서 관계성이 반영되지 않았다면 판결문에도 이 내용이 포함되지 않았을 것이고, 그러니 검색이 잘되지 않았을 겁니다.

한국여성의전화에서 배우자, 전 배우자, 애인, 전 애인이 가해자인 사망 사건(언론 보도 건수)이 매해 100건 정도라고 발표하고 있습니다.* 이 수치가 더 진실에 가까울 겁니다. 이 중에 살인죄가 적용된 케이스가 어느 정도인지, 또 기사화되지 않은 사건이 어느 정도인지 의문으로 남죠. 그렇다면 도대체 몇 건일까요? 그건 모릅니다. 여전히 물음표로 남습니다.

— 108건이라는 숫자는 전혀 놀랍지 않은 규모겠네요.

부부간 살인 인정 건수가 1년에 30건 정도 됩니다. 연인 간의

---

* 2019년 한국여성의전화에서 2009년부터 2018년까지 10년간의 언론 기사를 분석하여 발표한 자료에 따르면, '친밀한 관계'의 남성 파트너에게 살해된 여성 피해자 수는 887명이다.

경우도 그 정도 혹은 그 이상 되겠죠. 예상외의 숫자는 아닙니다.

> — 파트너에 의한 살인 가운데 40퍼센트가 '예고된 죽음'이라고 하셨는데요. 저희가 108건을 분석한 결과 역시 '살인의 전조'가 있었던 사건이 19건 있었습니다. 폭행 등으로 경찰에 신고한 후 72시간 안에 동일 가해자에게 죽임당한 경우가 4건이었습니다. 또 사건에 앞서 피해 여성에게 가해자가 폭행, 상해, 살인미수 등을 저질러 공권력이 이를 인지하고 있었던 경우가 15건이었습니다. 108명 중 적어도 19명은 충분히 살릴 수 있었다는 생각이 듭니다.

여자들이 신고를 잘 못 해요. 공권력이 처리를 잘 안 해주잖아요. 경범죄는 지속적인 괴롭힘을 입증해야 하는데 어느 여자가 그걸 일일이 입증할 수 있겠어요, 가해자가 무서운데. 그 가해자를 쫓아다니면서 증거를 찾아내야 하거든요. 이런 상황인데 판결문에까지 그런 전조가 언급되었다면 진짜 심한 케이스일 겁니다.

나머지 90여 건 중에서도 상당수가 '예고된 살인'이라고 봐야 할 겁니다. 헤어진 여자친구를 대체 어떻게 준비 없이 죽일 수 있을까요, 만나주질 않는데. 그런데 이런 상황이 기록에는 안 나와요. 죽은 다음에 피해자는 말이 없기 때문이죠. 피해자가 죽은 사건에 대해서는, 피해자 주변 정황을 아무도 조사하지 않아요. 피고인만 조사하죠. 피고인은 '난 그런 적 없다. 우발적이다'라고 하지 누가 계획해서 죽였다고 하겠어요. 진술이 쏠릴 수밖에 없고, 책임을 물을 수 없죠. 그래서 다 치사로 나오는 겁니다. 그 전후 상황에 대한 수사가 제대로 이뤄지지 않으니 108건 중 기껏해야 몇 건에서만 살인의 전조가 확인되는 것입니다. 헤어진 사람에 대해 전조 없는 죽임은 불가능합니다. 19건보다 훨씬 많을 거라는 말이죠.

- 말씀하신 것처럼 저희가 조사한 사건 중 지독하게 스토킹에 시달렸지만 '무서워서, 보복이 두려워서' 가해자를 신고하지 못한 사건도 있었습니다.

신고를 해도 신변 안전이 도모되지 않는데 신고를 왜 하겠어요. 괜히 상대방의 심기만 거슬리게 하고 내 신변은 더 위험해지는데요.

- 현재로서는 여성들이 제대로 보호받을 방도가 없는 상황입니다.

방도가 없죠. 사실 관심도 없는 것 같아요. 국회에 스토킹방지법을 만들라고 많은 사람들이 수없이 말했고, 스무 번 가까이 법안이 상정되었는데도 통과를 안 시켜주는 나라에 무슨 의지가 있겠습니까. 21대 국회가 시작될 때부터 스토킹방지법을 만든다고 정부 부처에서 발표하고, 여성 국회의원들이 토론회도 했지만 이슈가 다 쑥 들어갔어요. 조혜연 프로바둑기사를 어떤 남자가 1년 동안 스토킹한 사건도 시끄럽게 보도되다가 이제는 흘러간 이슈가 되었죠. 그 기사분도 배신감이 들지 않았을까요? 국회까지 와서 몇 번이나 피해 내용을 진술하고 언론과도 계속 인터뷰를 했지만 실제로 무슨 변화가 있습니까.

- 법안 통과가 왜 안 될까요?

별로 관심이 없으니까요. 우선순위에서 중요하지 않으니까요. 여자들의 희생은 중요하지 않으니까요.

- 여성의 죽음이기 때문에 우선순위에서 밀리고, 사건이 터져도 끝까지 해결되지 못하고 묻혀버린다고 보십니까?

네. 여성의 안전권에 대한 민감도가 너무나 떨어지고, 여성의 사망 또는 성폭행 피해를 본인들의 운 없음으로 돌리는 사회니까요. '재수 없는 여자들'이라 그렇다고 생각하고요. 국민의 권리 침해라고 누가 생각합니까. 그러니까 우선순위에서 밀리는 겁니다.

　- 데이트폭력 사건이 언론에 보도되면, '왜 그런 남자를 만났느냐'는 비난 댓글이 많습니다.

왜 아무 남자나 만나고 다니느냐, 다 본인 잘못이다, 하면서 여자들에게 손가락질하잖아요. 왜 몸 간수를 못 했냐는 것이죠. 여자들에 대한 지긋지긋한 2차 가해 행위가 만연해 있어요. 낯선 일이 아니죠. 그래서 입법이 안 되는 겁니다.

　- 스토킹처벌법, 데이트폭력처벌법 마련이 문제 해결의 단초가 될 수 있을까요?

계속 노력해봤는데 국회의원이 각성한다고 해서 될 것 같지 않아요. 수많은 실패 끝에 깨달은 점은 한국 사회 전체의 인식 변화가 이루어져야 한다는 거예요. 사회 인식이 안 변했는데 국회에서 토론회하면 뭐 하겠어요. 포르노그래피가 '예술품'이라는, 그런 인식 수준이거든요. 조주빈 사건*이 터지기 전까지 '개인 취향' 문제라고 이야기하던 국회의원들이 있었잖아요. 조주빈 사건이 터지면서 아동·청소년들이 성착취에 노출되어 있고, 피해자들이 폐인이 되어가고 있다는 사실을 알게 된 거죠. 이 정도로 끔찍하고 놀랄 만한 사건이 발생해야 겨우 중요도를 인식하는 상황입니다.

안인득 사건**처럼 야만적이고 무식한 사건이 어디 있어요. 여고생이 죽음에 이를 동안 대체 우리는 뭘 했습니까. 신변의 위협을 느끼면서 도망가는 모습이 CCTV에 다 잡혔잖아요. 하루 이틀 일이 아니었죠. 그런 장면을 볼 때마다 화가 납니다. 그렇게 도와달라고, 살려달라고 했는데… 결국은 불을 지르고 죽였잖아요. 그런데도 사형 선고가 안 나오는 나라… 참 놀라운 일이죠.

— 사회 전체의 인식 변화를 위해서는 어떤 일부터 시작해야 할까요?

● 조주빈은 텔레그램 '박사방' 운영자로 아동·청소년 8명과 성인 17명을 협박해 성착취 영상물을 제작·유포하고 범죄집단을 조직한 혐의 등으로 재판을 받고 있다. 1심 재판부는 조주빈에게 징역 40년을 선고했다.

●● 안인득은 아파트 위층에 사는 여고생을 지속적으로 따라다니고 그 가족들을 괴롭혔지만 경찰은 별다른 조치를 취하지 않았다. 2019년 4월 자신이 살던 아파트에 불을 지르고 대피하는 이웃에게 흉기를 휘둘러 5명이 숨지고 17명이 다쳤다. 스토킹당하던 여고생도 안인득이 휘두른 흉기에 목숨을 잃었다. 2심 재판부는 2020년 10월 안인득에게 무기징역을 선고했다.

계속 떠들어야죠. 언론에서도 계속 잘못되었다고 지적하고, 저 같은 사람도 계속 이야기를 해야죠. 여자들이 '노(No)'라고 해도 아무도 '노'라고 받아들이지 않아요. 헤어지자고 했는데, 헤어지자고 말할 자격이 없다고 생각하는 거잖아요. 네까짓 게 감히 '노'를 해? 그게 죽음의 이유잖아요. 가해자만 그렇게 생각할까요? 온 사회가 그런 식으로 취급하니 입법이 될 리가 없죠. 일부 기성세대도 그렇고, 가부장적인 사고방식을 갖고 있으면서 사회적 지위가 높은 사람들은 '무슨 구애 행위까지 규제를 하느냐'고 안일하게 생각하잖아요. 여자들도 살 권리가 있고 즐길 권리가 있고 선택할 권리가 있다고 계속 이야기하는 수밖에 없습니다.

   ― 108건의 판결문을 꼼꼼히 봤는데 남성의 폭력을 이해해주는 듯한 느낌을 많이 받았습니다. 여성이 나를 무시한다고 생각해 '격분'해서 죽였다, 이런 남자의 주장을 유리한 정상으로 받아주는 경우도 있었습니다. 재판부에도 가부장적인 인식을 가진 사람들이 많아서일까요?

'화를 낼 만했다' 혹은 '몇 대 쥐어박다가 재수 없어서 죽었다', '그러게 왜 화를 돋우어서…' 등등이 되는 거죠. 그러니 때려죽여도 기껏 3년 형만 받거나 반성문 쓰고 탄원서 내서 집행유예로 나오는 것 아닙니까. 그러니 사람을 함부로 대하며 때리고, 흉기로 위협하다 살인까지 저지르는 거죠. '나 무시했어? 너도 한번 당해봐라' 하는 게 현실이죠. 그래놓고 죽일 의사가 없었던 것처럼 갖은 변명과 포장을 하는데, 재판부는 그 말을 또 믿어주잖아요. 피해자 책임론이 판결문에 만연하죠. 우리나라 판사들은 모든 피고인의 정황과 정상을 너무 많이 참작해주려고 합니다. 응보주의나 징벌적 의미보다는 관대한 은혜를 내리는 군주 같은 모양새죠. 이런 풍조는 피고인의 성별과는 크게 상관이 없어요. 그저 관대한 처분을 내리는 거죠. 반성문 쓰고 탄원서 내면 감경해주고, 심신미약이라고 봐주고, 술 먹었다고 용서해주고, 이런 쪽에만 몰두해서 양형기준을 정해왔던 거죠. 2007년 대법원 양형위원회가 출범해 양형기준을 만들기 전에는 재판부가 이런 요소들을 참작해서 감경해온 관행이 있었어요.

그러니까 손정우●도 징역 1년 6개월밖에 안 나왔죠. 미국에서 이런 범죄를 저질렀다면 엄청나게 높은 형을 선고받았을 텐데, 우리나라는 겨우 징역 1년 6개월인데도 그나마 징역형이라도 받아서 다행이라고 여겨야 하는 상황이죠.

● 세계 최대 아동 성착취 사이트인 '웰컴 투 비디오'의 운영자 손정우는 징역 1년 6개월의 형기를 마치고 2020년 출소했다.

이런 문제가 생기는 이유는 처벌의 기준이 두루뭉술하기 때문입니다. 정말 징벌적으로 처분해야 하는 사안까지 다 묻히게 됩니다. 그렇게 하지 말자는 것이 양형위원회의 취지이고, 저도 양형위원회 전문위원으로 활동했기 때문에 이런 문제점에 대해서 이야기를 많이 했어요. 제가 양형위원으로 있을 때 성폭력과 폭력의 양형기준을 정했는데 당시에는 상습성을 가중처벌하지 않았어요. 인간이 상습적이라는 건 나쁜 짓인 줄 알면서도 한다는 거잖아요. 사실 이보다 더 나쁜 게 어디 있어요? 그래서 '상습성'을 형량의 가중 요인으로 넣어야 한다고 말했고, 반영이 되었습니다. 이런 식으로 '나쁜 놈'에 대한 처벌 기준이 분명하게 있어야 합니다.

　　- 재판부의 재량에 너무 많이 맡기고 있는 것도 문제일까요?

재량이 너무 많아요. 재판부마다 차이가 있기도 하고요. 이 차이를 좁히려면 판사들이 교육을 받아야 하는데, 워낙 판사들이 격무에 시달리기 때문에 한자리에 모여 교육받는 것도 어려운 실정이죠. 판사들이라고 해서 어떻게 다 전지전능하겠어요. 그분들도 살아온 세대 규범이 내면화되어 있잖아요. 70, 80년대의 양성평등 의식으로 재판을 하고 있으니, 2000년대 들어 빠르게 바뀐 의식을 반영할 수가 없는 거죠. 80년대는 성폭력이 사건화되지 않던 시절이에요. '여자들을 보호하기 위해서' 친고죄가 유지된다고 하던 시절이었죠. 성폭행이 사건화되면 너희가 창피하다, 평생 성폭력 피해자로 낙인찍혀 살게 된다, 그러니 친고죄를 유지해야 한다는 논리인 거죠. '사건화하지 않을 권리를 주겠다!' 그런 시절을 우리가 살았어요. 빠른 속도의 규범 변화를 그분들이 따라잡을 수가 없는 상황이죠.

— 그럼에도 불구하고 대안을 찾아야 한다면 어떤 것들이 있을까요?

전문법원과 전담법원이 늘어나야 합니다. 일단은 판사가 너무 적어요. 사건 기록만 제대로 읽어봐도 사건의 본질을 알 수 있을 텐데 꼼꼼히 읽어볼 여유가 없어요. 하루에도 재판을 몇 건씩 하니까 관행적으로 판결하죠. 형을 세게 선고하지 못해요. 데이트폭력 살인도 헤어진 사이에서는 미리 살인을 준비하지 않으면 발생할 수가 없는 거잖아요. 사건 기록 안에 담겨 있는 내용을 제대로 읽고 반영하려면 일단 판사들이 많아져야 합니다.

— 지금까지 말씀하신 내용을 종합해보면, 재판에서 가해자

중심주의가 일반적으로 적용된다는 뜻으로 들립니다.

피해자는 재판에서 고려 사항이 되지 못해요. 피해자는 피고인의 사건을 입증하기 위한 요소로서 증언만 하고 그다음은 아무도 배려하지 않죠. 피해자의 목소리가 재판에 전혀 반영되지 않아요. 범죄 구성 요건의 일부 요소 중 한 개, 흉기 하나 정도의 수준이죠. 피해자가 얼마나 고통을 받았는지는 중요하지 않아요. 아무도 피해자에 대한 공감을 하지 않습니다.
영미권 국가에서는 피해자에 대한 고려를 많이 해요. 스토킹 등에 대한 판단을 내릴 때 '피해 영향 진술서'를 받습니다. 피해자에게 얼마나 생명에 위협을 느끼고 고통받았는지를 진술할 권리를 주는 거죠.
우리나라에서 피고인은 반성문을 제출하고 자신을 변론합니다. 그렇다면 피해자가 '가해자 때문에 내가 너무 힘들다'고 말하는 것도 들어줘야 하잖아요. 그게 상식이죠. 그런데 우리나라는 판결 과정에서 피해자의 고통은 없어지고 가해자의 반성만 남아요. 가해자의 반성만 양형의 기준이 되니 사람을 죽이고도 집행유예가 나오는 거죠. 데이트폭력 사건에서 피해자가 합의를 했다면 왜 해줬을까요? 무서우니까 해주지 않았겠어요? 그럼 그것이 피해자를 위한 걸까요, 가해자를 위한 걸까요? 나쁜 사람들 편에 선 사법제도인 거죠.

- 말씀하신 것처럼 피해자를 때려죽였는데도 집행유예로 풀려난 남성도 있었어요.

정의를 돈으로 사는 거죠. 이런 결과가 반복될수록 여자들은 이 사회에 '정의가 없다'고 강하게 느낄 수밖에 없어요. 정의가 뭘까요? 잘못한 사람이 엄벌을 받고, 억울하게 죽은 사람의 피해는 어떻게든 구제되고, 국가는 이를 위해 책무를 다해야 정의잖아요. 그런데 여전히 80년대 사고 속에서 두루뭉술하게, 다 같이 좋은 게 좋은 거라고 하는데, 어떻게 정의가 있다고 생각하겠어요. 더구나 죽어서 무시되는 사람들의 성별이 유달리 쏠렸어요. 다 여자예요. 너무나 불평등하죠.

- 정의를 돈으로 살 수 있는 이 사회에서, '그럼에도 불구하고' 우리는 무엇을 해야 할까요?

사람을 죽이기 전에 개입해서 이를 제재할 법 체제를 만드는 일이 정말 중요합니다. 그래서 국회의 입법이 중요해요. 법을 만들어서 사소한 스토킹, 연인 간 폭력을 신고할 수 있게 해야 하고, 이를 통해서 가해자를 상습범으로 만들어야 합니다. 몇 회 이상 신고가 되면 징역을 살도록 해야죠. 그러면 여자들은 열심히 신고할 겁니다. '살려달라'고 말이죠.

법원조직법도 개정될 필요가 있습니다. 중상해를 입지 않은 여성 관련 사건은 대부분 가정법원이 담당하는데, 주로 임시조치나 보호조치를 내려요. 데이트폭력도 입법이 되면 가정폭력처럼 가정법원이 맡게 될 가능성이 높은데, 가정법원에는 형사부가 없어서 형사처벌을 못 합니다. 가정법원에서 재판을 못 하면 도로 형사법원으로 이송해야 하는데 그 절차가 3~6개월 걸려요. 그 사이에 여자들이 죽는 겁니다.

이런 문제를 막으려면 가정법원에서 접근금지, 임시조치 등을 취하고 이를 3회 이상 위반하면 가정법원에서 바로 구속조치를 할 수 있게 가정법원 내 형사부를 추가해야 합니다. 법원조직법 개정을 통해 해결할 수 있는 문제이고, 이렇게 되면 데이트폭력 등을 다루는 여성폭력 전담법원이 생기는 셈이죠. 지금은 형사법원으로 사건을 보내는 것에 치중하는 입법에만 열을 올리고 있어요. 그러니 구멍이 뚫리고, 여자가 죽어야 끝나게 되는 겁니다. 죽기 전에 막아야죠.

2부
도망갈 곳 없는 나는 혼자였다

괴한, 밀실, 단독

사람은 언제 공포를 느낄까? 이 질문에 대한 답을 EBS 〈지식채널e〉가 2006년 '공포의 법칙'을 통해 함축적으로 잘 요약해준 적이 있다.

> 괴한, 이상 물체의 갑작스런 출현에 대한 공포감
> 밀실, 폐쇄된 공간에서 빠져나갈 수 없다는 공포감
> 단독, 자신 외에 아무도 없다는 심리적 부담감

이 법칙은 데이트폭력에도 그대로 적용된다. 나랑 사귀던 연인이 '괴한'으로 돌변했을 때의 공포감, 그 괴한이 나에 대해 너무 많이 알고 있어 그로부터 벗어날 수 없다는 공포감, 아무도 나를 지켜주지 못할 것이라는, 혼자라는 공포감. 그래서 데이트폭력은 무서운 일이다. 그 폭력으로 인해 끝내 여성이 죽음에 이르고야 마는 일이 열흘에 한 번꼴로 일어난다는 것은 그래서 더 공포스럽다.

데이트폭력을 국어사전에서 찾아보면 뜻이 이렇다. 남녀 간 교제 과정에서 일어난 육체적·언어적·정신적 폭력. 교제는 서로 사귀어 가까이 지낸다는 뜻이다.

돌변

> 피고인은 6여 년 전 같은 아파트 단지에 거주하는 피해자를 알게 된 후 약 3년 전부터 안마도 해주는 등 서로 친하게 지내왔다.
>
> - 서울남부지방법원, 2016고합○○○

여자는 파킨슨병을 앓고 있었다. 그래서 사귀던 남자를 더 의지하고 믿었을지도 모른다. 하지만 남자는 어느 날 갑자기 괴한으로 변했고 여자를 강간했다. 그 과정은 판결문에 서술된 문장만으로도 공포스러웠다. 추악했다. 여자는 현장에서 즉사했다.
재판 과정에서 나온 남자의 변명 역시 추악했다. 자신이 평소 성관계를 요구하면 여자는 말로만 그러겠다고 하고는 응하지 않았다고 했다. 사건 당일에는 여자가 남자에게 전해줄 물건이 있으니 집으로 가자고 해서 따라갔다고 했다. 심지어 여자가 자신의 집에서 성관계를 하자고 해서 따라간 것이라고도 주장했다. 합의하에 성관계를 하다가 여자가 자신의 목을 할퀴며 기분 나쁜 말을 해서 여자를 침대에서 밀었을 뿐이라고 했다. 모두 가해자인 남자의 일방적인 주장이었다.

남자는 국민참여재판도 요구했다. 남자는 배심원들 앞에서 자신이 3급 청각장애인이라는 점을 강조했다. 수사 과정에서 경찰이나 검찰 수사관이 자신에게 화를 내고 소리를 지르는 바람에 겁에 질려 진술한 것이라고 했다. 법정에서 자신의 자백을 번복한 것이다.

재판부는 남자의 주장을 일부만 받아들였다. 의사소통에 어려움이 있는 것은 사실이지만 수사기관에서 자백했던 남자의 진술이 일관적이고 구체적이었다고 판단했다. 특히 재판부는 피해자인 여성이 세상에 마지막으로 남긴 증거에 주목했다. 여자가 남자에게 남긴 상처를 저항 과정에서 생긴 것이라고 판단했다. 하지만 거기까지였다. 강간에는 죄를 물었지만 살인에는 고의가 없었다고 판단했다. 강간치사. 재판부는 남자에게 징역 7년을 선고했다.

두 사람의 교제는 괴한으로 변한 남자에 의해 참혹하게 끝났다. 여자의 나이는 74세였다.

집착

> 피고인은 피해자와 과거 연인 관계였던 사이다. 피해자와 동거하다가 피고인의 경제난으로 동거 생활을 청산하였다. 피고인은 동거 생활 청산 이후부터 피해자가 피고인의 연락을 피하며 더 이상 만나주지 않는 것에 화가 나, 피해자를 살해하기로 마음먹었다. 피고인은 평소 피해자가 동생 집에 자주 방문한다는 것을 알고 동생 집 현관문 자물쇠를 파손한 후 집 안으로 침입하였다. 같은 날 피고인은 미리 준비한 식칼을 소지한 채 대기하던 중 피해자가 친구와 함께 집에 들어오는 것을 발견하고, 현관 앞에서 피해자 멱살을 잡아 집 안으로 끌고 들어가려 하였다.
>
> – 수원지방법원 성남지원, 2018고합○○○

친구가 막아섰다. "왜 이러느냐"고 소리치는 여자의 친구를 남자는 칼로 찔렀다. 현관 안으로 밀려났던 여자가 다시 나와 남자를 막아섰다. 식칼을 붙잡았다. 그 잠깐의 시간이 친구를 살렸다. 남자는 여자를 집 안으로 다시 밀어 넣었다. 찌르고 찌르고 또 찔렀다. 여자는 그렇게 동생의 집에서 생의 마지막을 맞았다.

남자는 재판 과정에서 심신미약을 주장했다. 범행이 일어난

동생의 집은 한때 두 사람이 함께 살았던 곳이다. 남자는 자신이 치매를 앓고 있다고 했다. 우울증도 있다고 했다. 그래서 옳고 그름이나 좋고 나쁨을 가리지 못했고, 자신이 무엇을 하려 하는지도 결정할 능력이 부족한 상태였다고 했다. 뻔뻔하고도 비겁한 남자의 그 변명을 재판부는 용납하지 않았다. 남자에게 징역 20년을 선고했다.

남자는 재판 결과에 불복했다. 한 달이 지나고 두 달이 지나고 해가 바뀌었다. 2019년 3월 다시 재판이 열렸다. 2심 재판부도 징역 20년을 선고했다. 남자는 또다시 불복했다. 여자가 살아 있었다면 74번째 봄을 맞았을 그 무렵에 남자는 상고장을 제출했다.

이 사실이 언론을 통해 알려졌을 때 사람들은 이 사건을 데이트폭력이라고 보지 않았다. 기사 댓글에는 "그 나이에…", "곱게 늙지", "미친 영감"과 같은 표현들이 가득했다. 이러한 비난과 선입견으로는 데이트폭력이라는 이 사건의 본질을 제대로 바라보기 어렵다.

남자는 여자에게 집착했다. 결별을 인정하지 않았다. 그리고 여자에 대해 자신이 알고 있는 모든 정보를 범죄에 악용했고, 남자의 그런 범행에 여자는 매우 취약할 수밖에 없었다. 남자의 집착이 여자에게는 '밀실'이 되어버리는 데이트폭력의 전형 그대로였다.

의심

그는 내가 어디에 사는지 알고 있다.
그는 내가 누구를 만나는지 알고 있다.
그런 그가 나를 의심하기 시작했다.
양파가 화근이었다. 여자가 다른 남자에게 양파를 가져다줬다는 이유로 남자는 두 사람이 몰래 만나고 있다고 의심하기 시작했다. 그들은 모두 소록도에 살고 있었다. 남자와 여자는 한센병 환자였고 같은 마을에서 치료를 받으면서 교제를 시작했다. 남자에게는 섬 밖에 아내가 있었다. 여자와의 관계가 깊어지면서 남자는 아내와 이혼했다.
그 후 남자의 의심이 깊어졌다. 여자에게 다른 남자와 일절 만나지 말라고 했다. 왜 다른 남자에게 반찬을 갖다주냐고 했다. 다른 남자와 여행을 다녀온 게 아니냐고 했다. 의심이 깊어지면서 남자와 여자의 관계는 멀어졌다.
남자는 법정에서 이렇게 주장했다. "그래도 다시 잘 살아보자"고 말했다고 했다. 그런데도 여자가 "왜 내가 너의 간섭을 받고 사느냐"며 "앞으로 전화도 하지 마라" 해서 화가 났다고 했다.
새벽 4시 30분 남자가 여자의 집에 찾아갔다. 두 사람은 안방에서 대화를 나눴다고 했다. 남자는 여자에게 "너를 위해 이

혼까지 했다", "너를 위해 여러 가지를 해줬다", "네가 내 마지막 자존심까지 다 무너뜨렸다" 등의 말을 했다고 법정에서 주장했다. 그리고 "이제 다 끝났다"고 말하는 여자를 칼로 찌르기 시작했다고 전했다. 판결문에 적시된 그 횟수로 여자가 느꼈을 공포와 고통을 다 설명할 수 있을까. 여자는 61년 만에 처음으로 아침을 맞지 못했다. 남자는 멈추지 않았다. 그 칼을 바지 주머니에 넣고 다른 남자의 집으로 향했다. 다른 남자 역시 64년 만에 처음으로 아침을 맞지 못했다.

남자는 여자를 끊임없이 의심했고 이른바 "격분해서" 상대를 죽였다. "몹시 분하고 노여워서" 괴한으로 변한 남자의 폭력은 여자가 가장 안전하다고 믿었을 장소에서 극단적으로 자행되었다. 데이트폭력에서 자주 볼 수 있는 전형적인 양상이다. 하지만 2016년 8월 세상에 알려진 이 사건을 사람들은 '한센인 살인 사건'이라고 불렀다.

교제살인

경찰은 매년 데이트폭력 사건을 따로 집계한다. 데이트폭력 사건을 폭행·상해, 체포·감금·협박, 성폭력으로 나누고, 살인 범죄에 대해서는 기수(살인)와 미수로 구분해 범행 유형별로 현황을 관리한다. 경찰청에 데이트폭력 집계 방식에 대해 구체적으로 물어봤다.

일단 112 신고 코드가 데이트폭력인 경우, 그리고 범행 수사 과정에서 데이트폭력으로 구분되는 경우가 통계에 포함된다고 했다. 그렇다면 동거의 경우는 어떻게 처리할까? 경찰은 사실혼 여부를 판단해서 가정폭력에 포함한다고 했다. 그러면 이혼을 하고 다른 사람과 교제하다 벌어진 사건은 어떻게 될까? 이에 대해 경찰은 "현실적으로 사건을 칼로 무 자르듯이 명확하게 나누기 어렵다"면서 명확한 답변을 주지 못했다. 현재 경찰은 '사실혼 판단 체크리스트'를 이용해 혼인신고 여부, 3년 이상 동거 여부, 가해자와의 출산 여부 등으로 사실혼 여부를 판단한다. 가해자와 피해자 두 사람 모두 법적으로 배우자가 없어야 사실혼 관계가 인정된다.

경찰이 사실혼 관계로 판단하면 사건은 가정폭력으로 처리되고, 그렇지 않은 경우는 가정폭력이 아닌 폭행으로 분류된다. 경찰이 두 사람의 관계를 동거인으로 판단하게 되면 일반 폭행 사건으로 수사가 진행된다는 뜻이다. 결국 동거 관계에서 발생한 사건은 데이트폭력 집계 자체에서 빠질 수 있다는 이야기다. 이혼을 하고 다른 사람과 교제하다 벌어진 사건도 마찬가지다. 경찰이 데이트폭력으로 판단하지 않는다면 이 사건 역시 일반 폭행으로 수사가 진행된다. 결국 출동한 경찰의 판단에 따라 데이트폭력 집계에 포함될 수도, 누락될 수도 있는 실정이다.

더구나 그 판단에는 선입견이 작용할 가능성이 있다. "그 나이에…", "곱게 늙지", "미친 영감"과 같은 댓글이 그런 선입견을 잘 보여준다. 나이가 많아도 교제할 수 있고 그 과정에서 폭력이 일어날 수 있으며 그로 인해 죽임을 당할 수 있다. 하지만 '데이트폭력'이라고는 보지 않을 수 있다. 나이에 대한 고정관념 때문이다. 또 '데이트'라는 단어 자체에 이미 고정관념이 존재한다.

데이트라는 말이 국내에서 쓰이기 시작한 것은 매우 오래되었다. 1928년 10월 7일 조선일보에 실린 김동환의 장편소설 《전쟁과 연애》에 등장할 정도다. 데이트라는 단어는 관계 그 자체를 뜻한다기보다는 관계에서 일어나는 행위를 의미하는 것으로 주로 통용되어왔다. 오래전 신문에서 발견한 한 사건 보도도 그 예다.

> 서울 서부경찰서는 결별할 것을 요구하는 애인을 건물 3층에서 떠밀어 숨지게 한 윤○○ 씨(29세)를 살인 혐의로 구속영장을 신청했다. 윤 씨는 한 달 전 맞선을 통해 알게 된 김모 씨(23세)의 자취방에 찾아가 전날 데이트 약속을 어긴 것을 따지다 김 씨가 "딴 남자와 연애 중이니 이제 그만 만나

자"고 하자 이에 격분, 김 씨를 3층 유리창 밖 8미터 아래로 떠밀어 숨지게 한 혐의를 받고 있다.

- 경향신문, 1991년 10월 8일

지금도 사람들은 데이트 약속을 한다. 포털사이트 검색창에 '데이트'를 입력하면 '맛집', '음식', '코스', '비용' 등이 자동으로 따라 나온다. '데이트'라는 말은 이렇게 아주 오랫동안 낭만적으로 쓰여왔다. 그렇기 때문에 데이트폭력이라는 말은 서로 사귀어 가까이 지내던 상대방의 폭력이 피해자에게 얼마나 치명적인지, 그 심각성을 전달하는 데 한계가 있다.

또한 데이트폭력이라는 말은 이 심각한 폭력이 특정 연령대에 국한된 문제라는 선입견을 강화시킬 수 있다. 108건의 판결문에서 교제 남성에게 죽임을 당한 60대 이상 피해 여성은 6명이었다. 50대 피해자는 26명이고 40대 피해자는 33명으로, 중년 이상 여성 피해자가 60퍼센트를 넘었다. 그리고 무엇보다 판결문을 통해 마주한 현실이 너무 공포스러웠다. 그 무서운 폭력으로 최소한 열흘에 한 명의 여성이 죽고 있었다.

세계적인 여성운동가 리베카 솔닛(Rebecca Solnit)은 자신의 책 《이것은 이름들의 전쟁이다》(창비, 2018)에서 "무언가를 정확한 이름으로 부르는 행위는 무대책·무관심·망각을 눈감아주고, 완충해주고, 흐리게 하고, 가장하고, 회피하고, 심지어 장려하는 거짓말들을 끊어낸다"고 하면서 "호명만으로 세상을 바꿀 수는 없지만, 호명은 분명 중요한 단계"라고 주장했다.

이름은 인식을 바꾼다. 우리는 이 끔찍한 현실을 '교제살인'이라 부르기로 했다.

사귀던 남자에게 오늘도

격분

그날은 여자의 생일이었다. 여자가 남자와 사귀기 시작한 것은 7개월 전이었다. 교제를 시작하고 석 달 후에 남자는 군에 입대했고 다시 석 달 만에 돌아왔다. 급성 정신장애로 인한 의가사제대였다. 그리고 한 달여 만에 맞은 소중한 사람의 생일. 그날 두 사람은 여자의 집에서 삼겹살을 먹고 있었다.

그런데 남자가 격분했다. "선물을 사러 나가자는 요구를 여자가 거절하고 술만 마셨다"는 것이 남자가 내세운 격분의 출발이었다. 평소에도 여자가 자신을 무시한다고 느꼈고, 다른 남자와 만난다는 의심도 하고 있었다. 자신을 벌레 취급한다는 생각이 들어 여자의 목을 조르기 시작했다고 했다. 그 격분은 20분 동안이나 지속되었다. 남자가 헤드록(두 팔로 상대의 머리를 안고 목을 조이는 자세)으로 여성의 목을 조른 시간이었다. 생일 다음 날, 여자는 병원에서 사망했다.

재판이 열렸다. 역시나 남자는 심신미약을 주장했다. 조현병을 앓고 있어 사물을 변별할 능력이나 의사를 결정할 능력이 미약한 상태라고 자신을 변호했다. 재판부는 징역 20년을 선고했다.

> 이 사건 범행에 피고인의 위 정신질환이 다소 영향을 미친 것으로 보이기는 하나, 피고인이 입대하기 전까지 특별한 정신적인 장애를 겪지 않고 정상적인 생활을 하였던 것으로 보이는 점, 제대 이후에도 다른 범죄적 행동을 보였다고 볼 자료가 없는 점, 피고인은 피해자와 교제를 이어가면서 피해자로부터 무시당하고 있다고 생각하거나 피해자가 다른 남자와 만난다는 의심을 하는 등 피해자에 대해 불만을 품고 있었던 점, (중략) 피해자를 살해한 이유도 정신병의 발현이라기보다는 열등감과 피해의식 때문이라고 봄이 타당하다.
> - 서울남부지방법원, 2018고합○○○

재판부는 "피고인의 정신건강 상태에도 불구하고 교제를 계속하면서 지지하고 격려해주던 피해자였다"면서 "충동조절장애와 같은 성격적 결함은 심신장애에 해당하지 않는다"고 남자를 질책했다. "격분은 정상인에게서도 얼마든지 찾아볼 수 있다"고도 덧붙였다.

격분, 몹시 분하고 노여운 그 감정과 마주하는 여성의 두려움은 더 클 수밖에 없다. 혹여라도 그 감정이 폭력으로 표출될 경우, 남성의 폭력을 제압하거나 저지할 힘이 절대다수의 여성에게는 없다. 게다가 그 현격한 물리력의 차이는 여성이 가장 안전하다고 믿었을 장소에서 목격자도 없이 발현되는 경우가 대부분이다.

교제살인 108건 중에서 95건이 목격자가 없었다. 범행을 저지른 남성 108명 중 84명은 격분으로 인한 우발적인 범행이었다고 주장했다. 가해 남성 또는 피해 여성의 거주지나 승용차 등에서 일어난 범죄는 76건이었다. 그리고 오로지 남성의 물리적인 힘에 의해 여성이 죽음에 이른 경우는 52건이었다. 단둘이 있다가 남성의 격분으로 인해 가장 안전하다고 믿었을 장소에서 남성의 물리력만으로 목숨을 잃은 여성이 전체 피해자의 절반 이상인 것이다.

생일을 축하해주던 남자친구가 괴한으로 바뀌는 순간, 그곳은 무슨 일이 일어나도 모르는 밀실이 된다. 승용차, 자주 가는 카페, 친구의 집, 직장 등 어디든 밀실이 될 수 있다. 가해 남성들은 교제 상대가 어디로 도망갈 것인지 다 알고 있었다. 피해 여성들은 도망갈 곳이 없었다.

협박

남자와 여자는 고작 한 달을 만났을 뿐이다. 11월에 만나 크리스마스에 헤어졌다. "다른 남자를 만나는 게 아니냐"는 남자의 지속적인 의심에 여자는 이별을 고했다. 남자의 집착은 공포스러웠다.

2017년 12월 말 남자는 여자의 집으로 찾아와 비밀번호 해제를 시도했다. 2018년 1월 1일 남자는 다시 만나주지 않으면 떨어져 죽어버리겠다고 했다. 여자는 "스토커로 경찰에 신고하겠다"고 했지만 남자는 멈추지 않았다. "신고할 테면 해봐라. 죽여버리겠다. ○○ 바닥에서 너 못 살게 하겠다. 내가 가만히 있을 것으로 보이냐"라며 협박했다. 2018년 1월 6일 남자는 그날 자정부터 오후 1시까지 엘리베이터를 타고 오르락내리락하면서 여자의 집 앞에서 기다렸다. 그리고 만나자마자 "남자와 외박한 것이냐"고 추궁했다.

> 남자: 너 안 보는 데서 죽을 거니까 걱정 말고.
> 여자: 제발 이러지 마. 그러지 마, 진짜⋯ 무섭게 하지 마. 지금 너무 무서워. 내일 왜 모텔에서 보자는 건데⋯.
> 남자: ○○모텔 예약했다.
> 여자: 나 죽이려고?

여자는 결국 죽었다. 2018년 1월 7일 여자는 5시간 동안 608호 모텔 방에 갇혀 있었다. 남자의 손에는 칼이 들려 있었고 손목을 긋는 시늉을 했다. 다른 남자와 외박한 것이 아닌지를 또 추궁했다. "헤어질 거면 같이 죽자"고도 했다.
여자는 모텔 베란다 난간에서 추락사했다. 재판부는 "더 이상 피할 곳이 없는 상황에서 피해자는 자신에게 다가오려는 피고인을 피하기 위해 철제 난간 바깥쪽으로 나갔다가 손가락이 미끄러져 추락했을 가능성이 크다"고 판단했다. 남자의 죄명은 특수감금치사. 징역 10년을 선고받았다. 여자는 혼자였다. 남자를 경찰에 신고했다면 여자는 살 수 있었을까?

감시

남자와 여자는 7개월을 함께 살았다. 그동안 여자는 남자에게 여러 번 얻어맞았다. 여자는 헤어지자고 했고 현관 비밀번호를 바꿨다. 다음 날 새벽 여자는 집 앞에서 남자와 다시 마주쳤다. 그대로 집으로 끌려 들어가 폭행을 당했다. 코를 크게 다쳐 수술을 하고 9일 만에 퇴원했다. 그랬는데도 남자는 계속 매달렸고 여자는 헤어지자고 했다.
2016년 3월 31일 남자는 회칼을 샀다. 4월 3일 남자는 여자의 집 방범창을 뜯고 침입했다. 다시 만나자며 여자를 칼로 협박했다. 4월 9일 남자는 위치추적기를 구입했다. 4월 10일 남자는 여자의 친척 오빠를 만났다. "다시 여자에게 접근하면 주거침입으로 신고하겠다"는 이야기를 들었고 "다시는 피해자를 만나지 않겠다"고 약속했다.

4월 11~13일 남자는 차를 빌렸다. 여자의 집과 직장 근처에서 여자를 감시했다. 4월 12~20일 여자는 제주도에 머물렀다. 4월 22일 남자는 여자를 죽이기로 마음먹었다. 4월 23일 남자는 여자의 차에 위치추적기를 부착했다.

4월 25일 여자는 오전에 정신과 치료를 받고 자신의 일터에 도착했다. 직장에 복귀한 첫날이었다. 하지만 그곳은 남자도 너무나 잘 알고 있는 또 하나의 '밀실'이었다. 직장 근처에서 서성대며 주위를 감시하던 남자는 여자가 화장실로 들어가자 바로 따라갔다. 오후 1시 26분이었다. 남자는 그곳에서 여자를 칼로 찔러 죽였다.

여자는 남자의 폭행과 협박에도 경찰에 신고하지 못했다. 병원에 입원했을 때도, 방범창을 뜯고 자신의 집에 침입했을 때도 그랬다. "다시 만나지 말라"거나 "또 접근하면 주거침입으로 신고하겠다"는 친척 오빠의 말도 여자의 죽음을 막지 못했다. 여자는 결국 혼자였다. 경찰에 도움을 요청했더라면 여자는 목숨을 건질 수 있었을까?

그 남자가 다시 돌아온 시간

3시간 7분

오후 2시 26분경 여자가 남자를 경찰에 신고했다.
오후 5시 33분경 남자는 여자를 때려죽였다.
2017년 1월 13일 그날도 세상은 시끄러웠다. '박근혜-최순실 게이트' 공판 상황이 연일 보도되고 있었고, 주말마다 박근혜 당시 대통령의 퇴진을 요구하는 촛불집회가 열리고 있었다. 그리고 같은 날 오전 10시 7분경 한 여자가 병원에서 숨을 거뒀다. 나흘 전만 해도 멀쩡한 몸으로 이 뉴스들을 TV로 지켜봤을 여자의 사인은 머리 부위 골절과 외상성 뇌출혈. 뼈가 부러질 정도로 머리에 외력이 가해졌고, 뇌 조직에서 새어 나간 피가 그만큼 많았다는 뜻이다. 두 달 전까지만 해도 여자와 함께 살았던 남자의 짓이었다.
그 끔찍한 짓이 저질러진 장소는 여자의 지인 A 씨의 집 주차장이었다. 주차장 밖으로 걸어 나가는 남자의 모습이 CCTV

에 포착되었는데 자신의 연인을 무자비하게 폭행한 사람이라고는 볼 수 없을 만큼 침착하고 평범했다. 방금 전 여자의 머리를 발로 짓밟고 양손으로 머리채를 잡아 바닥에 세게 내리쳤던 남자였다. 여자의 얼굴을 주먹으로 마구 때리고 발을 걸어 여자를 바닥에 넘어뜨리면서, 그 모습을 목격한 여자의 지인 A 씨가 접근하지 못하도록 칼로 위협했던 남자였다.

여자는 남자를 피해 A 씨 집에 머물고 있었다. 사건이 벌어진 시간은 1월 9일 오후 5시 33분경. 그로부터 얼마 전 여자는 전화를 한 통 받았다. 남자도 알고 여자도 아는 B 씨의 전화였다. B 씨는 여자에게 남자를 만나서 이야기를 해보라고 했다. 그 후 여자는 A 씨와 함께 주차장으로 내려왔다. 하지만 이미 남자는 A 씨가 사는 빌라 주차장에서 여자를 기다리고 있었다. 그곳에서 남자가 B 씨에게 전화를 걸어 피해자를 설득해달라고 부탁한 시간은 그날 오후 3시 48분.

하지만 그로부터 1시간 전쯤 남자가 있었던 곳은 경찰서였다. 그날 오후 2시 26분 여자는 남자를 신고했다. "남자친구에게 헤어지자고 했더니 집에서 나가지 않고 협박한다"며 경찰 출동을 요청했다. 경찰은 남자를 경찰서로 데리고 가서 조사를 진행했다. 그런데 남자가 A 씨의 주차장에 있던 시간은 오후 3시 48분. 이동하는 데 걸렸을 시간까지 감안하면 남자가 경찰서에 '잡혀 있던' 시간은 얼마 되지 않았던 셈이다.

일주일 전인 1월 2일에도 남자는 여자의 집 창문을 깨고 침입했다. 열흘 전인 2016년 12월 23일에는 여자와 연락이 닿지 않는다며 여자의 또 다른 지인이 일하는 곳으로 가서 난동을 부렸다. 출입문과 유리창 등을 박살 냈고 다른 사람을 폭행해 코뼈를 부러뜨렸다. 여자가 남자에게 헤어지자고 한 날은 2016년 11월 29일.

헤어질 것을 요구하는 여자에게 남자가 보낸 문자는 이런 것들이었다.

"죽이고 싶다."
"너는 보이면 진짜 간다."
"사람 아닌 것은 맞아서 죽는 거 아냐."

그리고 여자는 맞아 죽었다.

44시간 36분

2019년 7월 뉴스의 중심에는 '맹독(猛毒)'이 있었다. 당시 대법원이 일제 강제징용 피해자들에게 일본 기업이 손해배상을 해야 한다고 결정하자 일본은 몹시 사납고도 치명적인 복수를 선택했다. 스마트폰이나 반도체를 만들 때 꼭 필요한 물질들을 한국에 팔지 않겠다고 했다. 그중에는 불화수소가 있었다. 생산 과정에서 반도체를 깨끗이 자르고 닦아내는 데 쓰이기 때문에 완성품의 품질을 좌우할 정도로 중요한 화학물질이다.

이 불화수소는 사람에게 염산보다 위험한 물질이다. 기체 상태에서 노출되면 신체 장기를 썩고 문드러지게 만든다. 액체 상태의 불화수소를 불산이라고 부르는데 이는 세탁소에서도 쓰인다. 드라이클리닝 과정에서 옷에 묻은 이물질을 제거하는 데 이용된다. 역시 각별한 주의가 필요하다. 액체 상태에서는 금속도 녹이고 유리도 녹인다. 그래서 반드시 플라스틱 용기에 보관해야 한다.

> 피고인을 징역 20년에 처한다. 압수된 갈색 플라스틱 용기 (10×5×25) 1개(증 제1호)를 몰수한다.
> — 서울서부지방법원, 2016고합○○○

1.5리터 생수병의 보통 규격이 밑지름 9.2센티미터, 높이 30센티미터다. 재판부가 몰수한 높이 25센티미터의 갈색 플라스틱 용기에 담겨 있던 것은 바로 불산이었다. 그 맹독을 남자는 여자의 얼굴에 집중적으로 뿌려댔다. 30분 후 여자는 사망

했다.

사흘 전 여자는 남자에게 부탁했다. 더 이상 마음 졸이며 힘들게 살고 싶지 않다고 했다. 자꾸 연락하는 것도 부담스러우니 그만했으면 좋겠다고 했다. 돈도 되는대로 천천히 갚으라고 했다. 그러자 다음 날 남자는 여자에게 이런 문자를 보냈다.

"너 같은 또라이는 완전 매장시킬 거다. 완전 망가뜨린다."
"나도 할 만큼 했고 내가 완전 망가뜨린다."

어쩌면 살인자는 문자를 보내면서 이미 범행 방법을 머릿속에 그렸는지도 모른다. 남자는 죽이겠다고 하지 않고, 망가뜨린다고 했다. 그리고 1분 후 다시 여자에게 문자를 보냈다.

"네가 먼저 죽는다."

남자가 살인을 예고한 시각은 11월 22일 오후 10시 9분이었다. 여자는 남자를 경찰에 신고했다. 그리고 11월 23일 오전 1시 20분 두 사람은 파출소에 있었다. 여자는 경찰에게 협박 문자를 보여줬고 그동안 남자에게 지속적으로 강간을 당했다고 말했다. 남자는 그런 여자의 얼굴을 경찰이 보는 앞에서 주먹으로 가격했다. 가해자의 신병이 경찰서로 넘어갔다. 하지만 그날 밤 남자는 조사를 받고 경찰서에서 벗어났다.

11월 24일 오후 9시 남자는 여자의 직장으로 찾아갔다. 주차장에서 담배를 피우며 여자를 기다리는 남자의 손에는 검은색 비닐봉지가 들려 있었고 그 안에는 불산이 담긴 '증거 제1호(플라스틱 용기)'가 있었다. 오후 9시 56분 퇴근하는 여자를 발견한 남자가 달려갔다. 주먹으로 얼굴을 때리고 쓰러진 여자를 발로 걷어찼다. 그리고 그 치명적인 독을 여자의 얼굴에 마구 뿌렸다. 여자는 죽었다.

두 사람이 파출소에 함께 있었던 시간으로부터 44시간 36분 만에 남자가 다시 돌아온 것이다. 그 공포스러운 순간에 여자는 다시 혼자였다. 경찰은 '괴한'을 막지 못했다. 검찰이나 법원도 마찬가지였다.

16시간 11분

2013년 10월 23일 첫 번째 재판이 열렸다. 여자의 나이는 쉰하나였다. 2014년 5월 22일 두 번째 재판이 열렸다. 여자는 쉰둘이었다. 2017년 2월 10일 세 번째 재판이 열렸다. 여자는 세상에 없었다.

이 사건들의 가해자는 모두 같다. 그 남자였다.

첫 번째 재판에서 부엌칼을 들고 여자를 협박했던 남자에게 재판부는 징역 8개월에 집행유예 2년을 선고했다. 그로부터 3개월이 흐른 뒤 남자는 또다시 칼을 들고 여자를 협박했다. 여자에게 칼을 뺏기자 폭행이 뒤따랐다. 그때 남자가 한 말이 있었다. "너 죽이고 교도소 갈게."

두 번째 재판에서는 남자에게 징역 1년이 선고되었다. 1심 재판부는 "같은 범행으로 판결을 선고받은 후 4개월도 지나지 않아 범행을 저지른 점 등에서 실형이 불가피하다"고 했다. 남자는 항소했다. 2심 재판부는 "피고인은 이 사건 범행 전에도 여러 차례 피해자를 폭행했다"고 적시하면서도 남자에게 징역 8개월을 선고했다.

2015년 9월 남자가 교도소에서 나왔다. 그리고 1년이 흐른 뒤 술에 취해 찾아온 남자의 입에서 다시 이런 말이 나왔다. "너를 죽이고 교도소에 가야겠다." 남자가 고함을 치며 위협하자 여자는 112에 신고하려고 전화기를 들었다. 폭행이 이어졌다. 여자 얼굴에 네 번이나 침을 뱉었다. 그로부터 보름이 지난 2016년 10월 2일 남자의 폭력이 또 발생했다. 여자는 경찰에 신고했고 남자는 경찰서에서 조사를 받았다.

이미 두 차례나 실형을 선고받은 남자였지만 경찰서에서 풀려나와 다시 집으로 돌아왔다. 다음 날 오후 3시 두 사람 사이에 다툼이 벌어졌다고 남자는 주장했다. 112에 신고하려는 여자를 칼로 찔렀다고 했다. 여자는 그 자리에서 실혈사(심한 출혈로 사망)했다.

세 번째 재판이 열렸다. "별다른 이유 없이…." 지난 두 차례 재판에서 판사들이 판결문에 쓴 문장 하나가 이번에도 어김없이 등장했다. 남자는 "별다른 이유 없이" 여자를 폭행했다. "이혼 후 홀로된 자신을 수년간 보살펴준 피해자"를 "네가 나가서 뭔 일을 하느냐"며 폭행했고 "다른 남자와 바람을 피우려고 그러는 것 아니냐"며 칼로 협박했다. 자신을 피해 다른 방으로 피신한 여자에게 다가가서는 "왜 이 방에 있느냐"며 또 폭행했다. 여자는 끝내 남자의 손에 죽었고, 그 남자는 다시 교도소에 갔다. 재판부는 남자에게 징역 15년을 선고했다. 판결문에는 여자가 폭행을 당할 때마다 112에 신고했다는 사실이 나와 있다. "별다른 이유 없이" 5년 이상 이어진 폭력은 결국 여자의 죽음으로 끝났다. 여자가 남자를 경찰에 신고한 지 16시간 11분 만이었다. 그것은 여자의 마지막 신고였다. 경찰도 검찰도 법원도 여자를 그 지독한 공포에서 구해주지 못했다.

교제살인 이전에 동일 여성을 상대로 폭행, 협박, 감금, 주거침입, 심지어 살인미수 등이 벌어져 가해 남성이 형사 입건된 경우는 우리가 찾아낸 판결문 108건 중 19건이었다. 공권력이 살인의 전조를 명백하게 인지했음에도 불구하고 여성의 죽음을 막지 못한 것이다. 그중에는 검찰의 기소유예나 불기소처분 후 교제살인으로 이어진 경우가 2건이 있었다. 재판에서 집행유예를 선고받고도 여성을 죽인 사건 또한 4건이나 있었다. 그리고 이들 교제살인 대부분은 살인의 전조가 나타났던 사건들이 일어난 지 6개월 안에 발생했다. 그들은 경찰에 신고했지만 모두 죽었다.

> "피해자가 처한 여러 상황을 넓게 본다면 가해자의 위험성을 충분히 고려할 수 있는데도 대부분 사건 그 자체만을 본다. 가해자들이 너무 쉽게 풀려난다. 피해자 19명 모두 살 수 있었다."
>
> – 최나눔 한국여성의전화 정책팀장

목격자

교제폭력 피해자들이 느끼는 공포는 또 있다.

> 그 사람은 내가 사는 곳도, 학교도, 고향 집도, 가족들도, 주변 지인과 친구들까지도 전부 다 알고 있는데. 소중한 사람들까지 다치게 하면 어쩌지?!

교제폭력 피해자 이아리 작가의 경험과 생각을 담은 만화 《다이아리》(시드앤피드, 2019)의 한 대목이다. 자신을 폭행한 남자친구를 경찰에 신고하고 그와의 관계를 정리하는 과정에서 오롯이 혼자 감당해야 했던 공포를 생생하게 전달하고 있다. 나로 인해 소중한 사람이 다칠 수 있다는 그 공포는 결코 과장이 아니다. 108건에 달하는 교제살인 사건 중 목격자가 있는 경우는 13건이었다. 공원, 거리, 카페 등 공공장소에서 범행이 일어난 경우가 5건이었는데 해당 사건들의 목격자는 행인 등 제삼자였다. 나머지 8건의 목격자는 모두 가족이나 친구였다.

어느 날 갑자기 집으로 들이닥친 남자에게 여자의 엄마, 아들, 친구 등이 칼에 찔렸다. 13건의 교제살인 사건에서 6명의 목격자가 다치거나 죽었다. 다른 2명은 단지 피해자의 곁에 있었다는 이유로 그 끔찍한 순간을 목격할 수밖에 없었다. 그중 가장 나이 어린 목격자는 사고 당시 불과 다섯 살이었다.

> 피고인은 피해자의 나이 어린 자녀가 보는 앞에서도 범행을 멈추지 않았고, 살려달라는 피해자의 애원에도 피해자의 온몸을 잔인하게 찔렀다. (중략) 피고인의 위와 같은 참혹한 범행으로 피해자는 존엄한 생명을 잃었고, 사망 시까지 헤아리기 어려운 극심한 고통도 겪었다. 피해자의 유가족들, 특히 자신의 어머니에 대한 피고인의 행위를 직접 목격한 피해자의 자녀는 한평생 감내하기 어려운 정신적 충격과 고통 속에 살아갈 것임이 분명하다.
>
> - 대구지방법원 김천지원, 2018고합○○

여자는 그 남자와 사귀다 헤어졌다. 하지만 남자는 여자를 자꾸 만나려고 했다. 계속 전화를 했고 집으로까지 찾아왔다. 여자는 법에 도움을 요청했지만 정식 재판조차 열리지 않았다. 약식명령(공판 절차 없이 검사가 제출한 서면만 보고 벌금·과료·몰수 등의 형에 처하는 재판)으로 남자에게 내려진 최고형은 고작 벌금 300만 원이었다.

남자는 앙심을 품었다고 했다. 남자는 칼을 품고, 여자와 아들이 사는 아파트 지하주차장에 자신의 차를 세웠다. 그날 여자는 아들과 함께 병원에 가려고 지하주차장에 내려왔다. 차에 타려는 순간, 남자가 막아섰다. 왼손으로 승용차 문을 붙잡고 서서 잠깐 자신의 차에서 이야기하자고 협박했다. 남자의 오른손에는 칼이 들려 있었다.

여자는 거절했다. 그리고 남자의 손이 움직였다. 세 사람 말고는 아무도 없는 주차장에서 끔찍한 소리가 섞이고 또 섞였다. 여자는 "살려달라"고 했다. 아들이 살인자의 뒤춤을 붙잡고 "하지 마세요"라고 외치고 있었다. 그 목소리를 여자는 들었을 것이다. 그렇게 칼에 찔리면서도 여자는 끝까지 "살려달라"고 애원했다. 더 이상 말이 없는 여자를 남자는 자신의 승용차로 옮기고 주차장을 빠져나갔다. 아들만 그곳에 남았다.

> 피고인은 범행 후 범행 장소로부터 짧지 않은 거리에 있는 곳으로 이동하였는데, 그 승용차 안에는 사체 유기에 사용될 수 있는 휘발유 추정 액체가 들어 있었다. 이러한 범행 경위와 수법, 결과와 범행 후의 정황 등을 두루 살펴보면, 피고인의 범행은 더욱 용서하기 어려워진다.
>
> - 대구지방법원 김천지원, 2018고합○○

재판부는 남자에게 징역 20년을 선고했다. 아들이 스물다섯이 되는 해에 남자는 석방될 것이다. 가석방을 받는다면 그보다 더 빨리 감옥에서 나올 수도 있다.

서른여섯의 인생이 한순간에 사라졌다. 아무도 여자를 지켜주지 못했다. 그 남자보다 훨씬 강한 힘을 가진 공권력이 남자에게 내린 형벌, 벌금 300만 원은 오히려 "앙심을 품은" 남자가 여자를 죽이는 빌미가 되었다. 여자에 대해 너무 많은 것을 알고 있던 그 남자가 사건 당일 자신의 차를 세웠던 장소는 바로 여자의 승용차 옆이었다. 아무도 그 남자를 막지 못할 것이며 소중한 사람들이 그로 인해 다칠 수 있다는 공포는 분명 실제로 존재하는 현실이다.

삶을 놓지 않으려고 애썼던 그 얼굴들

아나 멘디에타(Ana Mendieta, 1948~1985)는 쿠바 출신 미국의 아티스트다. 그는 자신의 몸을 다양한 퍼포먼스의 재료로 형상화했다. 멘디에타가 자신의 몸으로 그려낸 주제 중 하나는 여성들이 겪는 폭력이었다. 그의 작품 〈피 흘리는 자화상(Self-Portrait with Blood)〉(1973)도 그중 하나다.

그 얼굴을 봤다. 핏자국이 이마에 가득했다. 흐르는 피가 턱을 타고 목으로 흘러내리고 있었다. 눈가에도 코에도 핏물이 스며 있었다. 그리고 정면을 바라보는 멘디에타의 시선과 마주했다. 그 눈동자가 슬퍼 보였다. 포기한 것도 같고 체념한 것도 같았다. 분노가 담겨 있는 것으로도 보였다. 살짝 벌려져 있는 입술과 함께 그 눈동자를 응시하면 이렇게 묻는 것 같기도 했다. 이 얼굴이 보이지 않느냐고.

108건의 판결문에서 숱하게 마주쳤던 '얼굴'로도 보였다. 건조하기 그지없는 판결문인데도 그 안에는 분명 그들의 얼굴이 담겨 있었다. 포기한 것도 같고 체념한 것도 같았지만, 그래도 삶을 놓지 않으려고 애쓰고 또 애썼던 그 얼굴들은 지금 모두 세상에 없다. 누구의 책임일까?

직무유기는 어떤 일을 해결하지 않고 방치한다는 뜻이다. 교제살인으로 세상이 떠들썩해질 때마다 경찰의 무책임과 무능력을 비판하는 말이기도 하다. 피해 여성이 신고를 해도 경찰의 대응이 부실해 사고를 키웠다는 지적이 많다. 하지만 일선 경찰관이 쓴 논문은 사고를 키우는 이가 누구인지 다시 생각하게 만든다.

> 데이트폭력은 가정폭력 사건 처리 경우처럼 피해자의 보호조치에 한계가 있으므로('접근금지' 등 임시조치 규정이 없으므로) 독자적인 데이트폭력처벌법의 제정이 필요하다는 것이 현재 일선 치안 현장 경찰관들의 여론이다. (중략) 데이트폭력 사건 거의 대부분이 불구속으로 처리되어, 가해자가 경찰서를 나와 다시 피해자의 집 앞으로 온다는 것인데, 문제는 그때부터이다.
>
> — 김한중·강동욱, 〈데이트폭력의 실태와 그 대책방안—일선 경찰관의 관점에서〉, 2019년

2020년 8월 발생한 교제살인 미수 사건을 수사했던 한 경찰 간부는 우리에게 이렇게 말했다.

"데이트폭력의 경우는 남자가 또 찾아올 확률이 높죠. 부부의 경우는 접근금지 명령으로 긴급 임시조치를 할 수 있고, 위반하면 유치장에 송치할 수 있어요. 그런데 데이트폭력의 경우에는 부부지간이 아니기 때문에 할 수가 없습니다. 그래서 피해자에게 임시 숙소를 제공하려고 노력했지만 이번 사건의 경우에는 피해자의 거주지와 일터가 같았어요. 일해야 먹고사는 입장이라 거처를 옮길 수가 없는 거죠. 사실상 집을 옮기더라도 직장을 그만두지 않는 이상은 해결이 안 되죠. 데이트폭력 같은 경우는 가해자가 피해자의 직장이 어딘지도 다 알잖아요. 이런 어려움이 있습니다. 다른 곳에 출동도 나가야 하고 순찰도 돌아야 하는데, 인력이 부족하다 보니 그 사건만 24시간 지키고 있을 수도 없고… 구조적인 한계가 있습니다."

문제의 핵심은 경찰의 '힘'이 제대로 작동할 수 없는 구조에 있다. 우리는 조주은 경찰청 여성안전기획관을 만나서도 이를 확인했다. 10년 동안 국회 입법조사처 입법조사관으로 일했던 그는 현재 경찰청에서 여성폭력 대응 시스템에 관한 정책 방향을 총괄하고 있다. 그런 그의 입에서 "여자가 일단 맞아야 경찰이 그 여자를 지킬 수 있다"는 말이 나왔다.

"가해자가 '죽이겠다'고 협박을 했거나, 둘만 아는 상징적인 물건을 피해자 주거지에 두고 갔거나, 피해자가 충분히 공포에 떨고 불안감을 느낄 수 있는 상황이 발생해도 경찰이 대응하기 어려운 실정입니다. '사전 예방'이 안 되는 거죠. 현행법상 일단 피해자가 맞아야, 피를 봐야, 신변보호를 요청할 수 있습니다. 데이트폭력 사건은 가해자와 피해자의 분리가 중요한데, 가해자가 피해자의 거주지와 생활 공간에 접근하지 못하게 하는 조치(임시조치)를 현재는 경찰이 취할 수가 없습니다. 법이 없기 때문입니다. 경찰이 피해자를 보호할 수 있는 법적 근거가 부족한 거죠. 데이트라는 단어가 갖는 낭만성 때문에 연인끼리의 사랑싸움 정도로 여기는 경우가 아직도 많습니다. 데이트폭력 사건은 살인으로 끝나는 경우도 많아서 전 사회적으로 이 사안을 무겁게 받아들여야 합니다."

현재 경찰은 가정폭력처벌법에 따라 가정폭력 가해자에게 접근금지 등 임시조치를 취할 수 있다. 물론 임시조치를 위반해도 제재할 수 있는 수단이 과태료에 불과하기 때문에 좀 더 강력한 조치가 필요하다는 지적이 제기되고 있지만, 교제폭력의 경우에는 이런 법마저도 없다. 그만큼 공포스러운 '밀실'이 만들어질 가능성이 높다는 뜻이기도 하다.

2020년 9월 '여성인권 실현을 위한 전국가정폭력상담소연대'와 '한국여성의전화'가 주관한 여성폭력 관련 법·제도 개선 토론회에 참여한 경찰의 발표문은 그래서 경찰관으로서 답답함을 풀어내는 호소에 가까웠다.

> 관계 내에서의 폭력은 범죄가 반복·상습적으로 이뤄지고 그 피해가 점점 더 심각해진다는 특징을 갖고 있다. 이로 인해 실제 112 신고를 통해 현장에 출동했던 경찰부터, 수사 절차를 진행한 담당 수사관, 그리고 피해자 보호·지원을 담당했던 경찰까지 모두 상당한 부담감을 느낀다. 혹시 이 가정에서, 혹시 이 연인 관계에서 더 큰 일이 벌어지면 어쩌지? (중략) '범죄가 발생한 후에 피해자를 보호한다', '범죄가 발생하기 전에 피해자를 보호한다', 어느 쪽이 맞을까? 실효성 있는 피해자 보호를 위해서는 피해자와 직접 대면하는 경찰이 범죄로 나아가기 이전에 선제적으로 개입할 수 있는 길을 열어두어야 한다. 이러한 입법적 개선은 피해자 보호를 향해 나아가기 위해 경찰에 더 큰 의무와 부담을 달라는 간절한 외침이다.
>
> — 이은구 경찰청 여성안전기획과 가정폭력대책계장,
> '친밀한 관계 내 여성폭력' 관련 법·제도 개선 토론회, 2020년

이 간절한 외침은 오래전부터 나온 것이다. 여전히 표류하고

있는 데이트폭력처벌법만 봐도 국회에서 처음 발의된 시점은 2016년 2월. 그리고 3년 동안 108명의 여성이 목숨을 잃었다. 가정폭력처벌법을 개정해 교제폭력(데이트폭력) 가해자도 처벌할 수 있도록 하자는 주장 역시 무척 오랫동안 되풀이되고 있다. 그 지독한 '밀실'에서 한 명의 여성이라도 더 구할 수 있는 방법이 분명 나와 있는데도 손을 놓고 있다. 공포스러운 일이다.

인식은 틀이 만든다. 2018년 5월 9일 연합뉴스에 실린 〈동거녀 선처로 구속 면한 30대, 풀려난 뒤 동거녀 살해〉라는 제목의 기사에는 이런 댓글이 달려 있었다.

"매도 중독이다."
"죽을 짓을 했다."
"어리석은 여자가 문제지."

해당 기사를 보면 가해자인 남성은 2017년 12월부터 피해 여성을 지속적으로 폭행한 혐의로 경찰에서 조사를 받았다. 2018년 3월에도 피해자를 폭행해 경찰이 구속영장을 청구했지만 피해자가 처벌을 원하지 않는다는 탄원서를 제출한 점을 재판부가 감안해 영장을 기각했다. 그리고 45일 만에 여자는 칼에 찔려 숨졌다.

판결문에는 피해 여성의 사정이 좀 더 자세하게 나와 있었다. 2017년 7월부터 사건이 일어나기 전까지 그 남자가 여자를 폭행해 형사 입건된 횟수가 무려 아홉 번이었다. 그동안 여자는 경찰이 자신을 제대로 보호하지 못하는 현실과 마주쳤을 가능성이 높다. 남자의 보복이 더 두려울 수밖에 없는 상황이었을 것이다. 게다가 두 사람은 월세가 밀릴 정도로 경제적 형편이 좋지 못했다. 마땅한 직업이 없었던 남자에게 벌금형이 부과된다면 그 부담에서 피해자 역시 자유롭지 못했을 것이다.

그런데도 일부 사람들은 처벌불원(處罰不願), 즉 피해자가 가해자에 대한 처벌을 원하지 않았다는 그 상황만을 보고 "죽을 짓을 했다"거나 "어리석은 여자가 문제"라고 함부로 넘겨짚고 비난했다. 그들은 가해자에게 손가락질하지 않았고 경찰에게도 책임을 묻지 않았다. 교제폭력 피해자들에게 더해지는 이와 같은 '피해자 책임론'은 또 다른 공포다. 이런 인식이 '직무유기'가 지속되게 만든다.

그래서 더 무서운 나라다. '괴한'으로 변한 남성에게서 벗어나지 못하고 밀실에 갇히고야 마는 여성들의 공포는 계속되고 있다. 그 얼굴들은 지금도 사라지고 있다.

인터뷰 · 이아리 작가

생존자에게 보내는 응원

"아리야, 도도하게 살아. 기죽지 말고 너 하고 싶은 거 다 하면서 당당하게 살아."

서울 가는 딸에게 엄마가 해준 말이다. 딸이 엄마의 이 말을 떠올린 것은 누군가에게 목을 졸리고 있을 때였다. 딸은 울고 있었다.

"죄송해요, 엄마. 그렇게 살지 못하고 있어요."

목을 조른 사람은 그의 전 남자친구였다. 그 남자는 "나를 유리 같은 사람이라며 조심스레 아꼈다"고 했다. 그리고 "그런 유리를 무참히 깨부쉈다가 다시금 그러모아 이어 붙이고 또다시 깨뜨리기를 반복했다"고 했다. 그런 반복을 거치면서 "어긋난 채 붙은 유리는 세상을 제대로 투영하지 못해 아주 작은 충격에도 힘없이 주저앉았다"고 했다. 인스타그램 웹툰을 책으로 엮은 《다 이아리: 누구나 겪지만 아무도 말할 수 없던 데이트 폭력의 기록》의 한 장면이다.

웹툰의 내용은 작가 '이아리'(필명) 자신이 실제 겪은 일이기도 하다. 어린 나이에 시작한 첫 연애에서 그는 교제폭력을 당했다. 그리고 힘겹게 그 남자로부터 벗어났다. 그 과정을 웹툰으로 그려 인스타그램에 연재하면서 이아리 작가는 자신과 같은 경험을 한 사람들이 많다는 것을 알게 되었다.

교제폭력에서 살아남은 사람들, 그 얼굴에 어떤 기준이 있는 건 물론 아니다. 작품에서 이아리 작가는 스스로를 "길을 걷다 당신과 한 번쯤 마주쳤을지 모를 평범한 사람"이라고 전했다. 누구나 '생존자'가 될 수 있다는 이야기다. 이는 가해자에게도 똑같이 적용된다.

작품을 통해 이아리 작가는 묻는다. "폭력을 일삼는 사람은 험상궂게 생겼을까, 아니면 평범할까?" 그리고 답한다. "그의 주변에는 사람이 들끓었고 뛰어난 언변으로 쉽게 호감을 샀다. 나를 떼고 보면 그는 참 좋은 사람이었다."

- 작품을 보면 가해자의 눈을 그리지 않았습니다. 누구나 다 가해자가 될 수 있다는 메시지를 전달하려는 게 아닐까 생각해봤습니다.

맞아요. 교제폭력은 물리적 폭력뿐 아니라 가스라이팅과 같은 정서적 폭력과 행동통제, 성적 학대까지 모두 포함해요. 연인 관계에서 사랑이라는 가면을 쓰고 나타나기 때문에 주변 사람들은 물론 피해자도 초반에는 눈치채지 못하는 경우가 많아요. 가해자의 눈을 그리지 않은 것은 그의 인상을 강렬하게 드러내는 부분이 눈이기 때문이었어요. 말씀하신 것처럼 누구나 피해자가 될 수 있다면, 누구나 가해자가 될 수도 있겠죠.

드라마나 영화, 만화 등 여러 장르에서 다루는 러브 라인에서 폭력을 아름답게 포장하는 경우를 많이 봤어요. 실제로 제가 만났던 가해자도 억지로 키스하는 걸 로맨틱하다고 생각했고, 성관계를 거부하면 속으론 좋으면서 '튕긴다'고 믿었거든요. 그런 부분들을 미디어에서 신중하게 다뤄줄 필요가 있어요. 어린 학생들은 그런 간접체험을 통해 연애를 학습하기도 하잖아요.

학교에서는 제대로 된 성교육을 해주지 않으니까(주로 성기의 기능이나 임신 및 피임에 관한 교육만 진행하죠) 소위 야동을 보며 이상한 성적 판타지를 쌓아오는 경우도 많더라고요. 그런 환경 속에서 자라면 자신이 하는 행동이 폭력인지 사랑인지 스스로도 분간해내기 어려울지도 몰라요.

　　- '이런 것도 교제폭력이다'라고 할 수 있는 사례로는 어떤

것이 있을까요?

질투가 난다는 이유로 연인의 인간관계를 억지로 끊어내며 고립되게 만드는 것도 교제폭력 초반에 빈번하게 일어나요. 그리고 '너는 너무 못나서 나 말고는 좋아해줄 사람이 없어', '나니까 너 만나주는 거야', '네가 이상한 거야' 등 언어로 상대방의 자존심을 갉아먹고, 자신이 한 실수까지도 상대방에게 책임을 전가하고 죄책감을 심어주는 것, 헤어지자고 말하면 자살을 하겠다고 협박하는 것도 감정적으로 휘두르는 폭력이에요. 원하지 않는 스킨십이나 성관계를 억지로 하는 것도, 신체 부위를 촬영해 보내달라고 한 뒤 상대가 거절하면 불같이 화를 내거나, '너는 나를 사랑하지 않는 것 같다'며 상대를 비난하고 이별을 빌미로 협박하는 것도 성적인 학대라고 볼 수 있죠.

  – 현재 교제폭력처벌법 자체가 없는 상황입니다.●

● 교제폭력은 가정폭력과 달리 형사상 접근금지가처분이 불가능하다. 공권력이 범죄를 벌할 수 있는 근거, 즉 형법이 없기 때문이다. 민사상 접근금지가처분 신청은 가능하지만, 자신에게 접근하지 못하도록 해야 하는 이유를 입증할 책임은 피해자에게 있다. 당연히 시간이 많이 걸릴 수밖에 없고, '생존자'를 위한 현실적인 대안이 되기에는 근본적으로 한계가 뚜렷하다. 하지만 이마저도 모르는 경우가 많다.

가해자에 대한 강력한 처벌과 피해자의 신변보호를 중점으로 입법이 이뤄졌으면 해요. 반의사불벌죄의 적용을 배제하는 것을 바탕으로, 교제폭력 범죄는 일반 폭력 사건보다 훨씬 더 무거운 죗값을 달아주면 좋겠어요. 가해자가 피해자에 대한 정보를 많이 알고 있어서 보복의 위험이 높고, 아주 가깝고 친밀한 관계에서 벌어지기 때문에 신체뿐 아니라 내적인 외상이 크며, 피해자의 인생을 송두리째 앗아갈 수 있는 무거운 범죄니까요.

한때 자신의 연인이었던 가해자를 처벌하는 것에 동의하냐는 질문을 받으면, 피해자는 죄책감에 순간 망설이게 되거든요. 하지만 반의사불벌죄가 폐지되면 그런 문제는 없어지고 가해자는 응당한 죗값을 받게 되겠죠.

가해자와 피해자의 분리에 관한 법안도 반드시 필요합니다. 지금의 접근금지가처분 신청에는 허점이 많거든요. 가해자가 피해자에게 접근해도 과태료가 부과될 뿐이잖아요. 피해자에게 접근하는 것 자체를 실질적으로 막지는 못하거든요. 가해자가 접근을 생각하지도 못할 만큼 강력한 제재가 있었으면 좋겠어요.

    - 법이 만들어지거나 바뀌는 데는 현실적으로 오랜 시간이 걸립니다. 그렇다면 현재 상황에서라도 사건을 1차적으로

접하는 경찰에게 바라는 점이 있을 것 같습니다.

교제폭력 신고를 받았을 때, 가해자에게 원인과 책임이 있음을 확실하게 인지한 상태로 경찰서에 인도해주세요. 피해자와 조서를 작성할 때에는 가해자에게 감정이입하며 죄책감을 심어주거나 선처를 유도하지 말아주세요. 고소 의사가 있는지 없는지의 여부만 알면 되니까요.

조사가 끝난 뒤에는 피해자의 안전을 위해 접근금지가처분 신청과 스마트워치(버튼을 누르면 자동으로 인근 경찰서에 신고가 접수되는 시계)에 대한 안내도 부탁드려요. 경찰 조사를 끝낸 가해자가 피해자의 집을 찾아와 보복 및 협박을 하는 경우가 아주 많거든요. 경찰은 법의 테두리 안에서 모든 사건을 처리해야 하기 때문에 늘 한계가 있고, 해결해줄 수 없는 부분이 많다는 것도 알아요. 그러니 주어진 법 안에서라도 가해자를 철저하게 수사할 수 있는 환경을 적극적으로 만들어주고 피해자를 도와주시면 좋겠어요.

- 자신의 경험을 인스타툰으로 소개하면서 삶이 많이 달라졌을 것 같습니다.

얻은 것도 많고, 반대로 잃은 것도 많아요. 우선 교제폭력의 기억은 그림을 그리고 독자들과 소통하면서 해소가 좀 되었고, 동시에 정신건강의학과에 다니며 약물치료 및 트라우마 치료(EMDR)를 하면서 마음은 더 안정되었어요. 과거의 기억 때문에 괴로워지는 상황은 이제 많이 줄었어요. 그런데 만화 후반부에 현재 남자친구와의 에피소드가 그려질 즈음부터는 댓글로 공격을 많이 받았어요. 그리고 여전히 받고 있고요. "교제폭력을 경험했으면서 여전히 남자를 만나는 게 이해가 안 된다", "아직도 정신 못 차렸다", "작가는 우울증에 걸린 사람이라 대화가 안 통한다", "아리 님 다시 삼일한(여자는 3일에 한 번 때려야 한다) 당해보실?", "여전히 유니콘 찾기 하는 이유가 뭐임?", "너 같은 애들은 남자들에게 조리돌림당하고 질질 짜다가 죽어버렸으면 좋겠다. 그래야 정신 차리지"… 등등 감당할 수 없는 언어들을 마주하다 보면, 만화 이후 다시금 폭력적인 상황에 노출되어 있다는 느낌을 지울 수가 없어요.

- 독자로부터 힘을 얻는 댓글도 있나요?

"작가님이 최근에 올려주는 일상 만화를 보면 너무 안심되고 덩달아 행복해져요", 사실 이렇게 말해주시는 분들이 더 많아요. 자주 들어도 자꾸만 감동받는 말이에요. 어떻게 얼굴도 모르는 이의 행복을 함께 기뻐해주고 응원해줄 수 있을까요. 사실 타인을 위해 마음을 써준다는 게 쉬운 일이 아니잖아요. 피해자 프레임을 씌우면서 피해자다움을 강요하는 사람들도 많거든요. 피해자는 언제나 방구석에서 우울하게 시간을 보내야 한다거나 자신의 상처는 반드시 스스로 치유하고 주변의 도움 없이 혼자서 다 극복해야 한다거나…. 그런데 저는 지금 병원도 졸업하고 연애도 하고 있고 행복해 보이니까 그걸로 트집을 잡더군요. 그런 공격들을 받고 나면 심신이 많이 지쳐요. 그래서 제가 이후의 삶을 어떻게 살아가든, 연애를 하든, 어떤 옷을 입든, 잘 지내든, 못 지내든, 어떤 모습이든 모든 순간을 응원한다는 말이 너무 소중하고 좋아요.

- 교제폭력 사건이 많이 보도되고 있습니다. 사람들에게 당부하고 싶은 이야기가 있다면 말씀해주세요.

피해자에게 어떤 문제가 있어서 그런 일을 당했다는, 피해자에게서 원인을 찾고 책임을 돌리는 2차 가해를 하지 말아주었으면 해요. 사람은 자신이 직접 경험한 바에만 포커스를 맞추어 다른 것들을 평가하고 판단하려는 경향이 있어요. 그래서 겪어보지 못한 일에 대해 쉽게 생각하거나, 한편으로는 피해자의 모습이 답답해 보이고 이해가 안 될 수도 있겠죠. 하지만 실제로 겪어본 사람들은 알아요. 교제폭력이 한순간에 폭발적으로 일어나는 게 아니라는 걸, 아주 서서히, 피해자도 인지하지 못할 만큼 천천히 감정과 내면을 갉아먹다가 나중에는 물리적 폭력으로 이어진다는 걸요.

사랑하는 사람이 휘두르는 폭력은 깊은 내상을 남겨요. 그 상처를 벗어나는 데는 아주 긴 시간이 필요합니다. 하지만 또 피해자라고 해서 항상 그 늪에 빠져 있는 것은 아니에요. 충분히 회복하고 다시 웃고 행복해질 수 있어요. 그러니 피해자에게 왜 너는 피해자답지 못하냐고, 왜 다시 사랑을 하고 연애를 하냐고, 수많은 왜를 갖다 붙이며 피해자를 어떤 프레임에 가두려고 하지 말아주세요. 저희는, 데이트폭력 피해 생존자들은, 데이트폭력을 당할 만해서 당한 것도 아니고, 나의 수많은 선택들로 열심히 삶을 채워나가는 아주 보통의 사람일 뿐이라는 걸 잊지 말아줬으면 해요.

- 교제폭력 '생존자'들에게도 하고 싶은 말씀이 있을 것 같습니다.

아픈 기억들을 혼자 안고 오느라, 그리고 아무에게도 말 못 할 일들을 담아두느라 끙끙 앓아왔을 당신에게, 정말 고생 많았다고 말해주고 싶어요. 끔찍한 기억은 아마 머릿속에서 다 지워지지 않을지도 모르고, 흉터는 사라지지 않겠지만, 이제는 따스하고 행복한 기억들만 차곡차곡 쌓여서 그 위를 덮었으면 좋겠어요. 그래서 과거의 일들이 떠오르는 날들보다 현재의 행복한 기운에 흠뻑 물드는 날들이 더 많아졌으면 해요. 저는 언제나 당신 편에 서 있을 거예요! 제가 가장 좋아하는 말입니다. 당신이 앞으로 만나게 될 모든 순간과 소중한 선택들을 응원하겠습니다.

3부
그의 격분을 헤아리지 마라

교제살인 재판은 모두 공정했을까

우리는 교제살인으로 목숨을 잃은 108명의 재판에 대한 비공식 참관인이었다. 제삼자의 입장에서 124건의 재판(2심 포함)을 샅샅이 살펴보며 다다르게 된 질문은 하나였다. 이 재판들은 과연 공정한가?

'공정'은 공평하고 올바름을 뜻한다. '공평'은 어느 쪽으로도 치우치지 않고 고름을 뜻한다. 공정은 공평까지 포괄하는 개념이다. 그렇다면 '공정한 재판'은 편파적이어서도 안 되고 편견이 작동해서도 안 된다. 그 말은 판사의 사전 지식에 따라 혹은 편견에 따라 혹은 무관심에 따라 재판의 결과가 영향을 받는 일이 없어야 한다는 뜻이다. 어떤 판사를 만나더라도 재판의 결과는 유사했어야 한다는 뜻이기도 하다.

물론 판사도 인간이다. AI(인공지능)가 아닌 이상 찍어내듯 재판을 할 수는 없는 노릇이다. 그러나 또한 판사는 '정의'에 복무하는 직업이다. 올바름을 향해 끊임없이 나아가야 할 책무를 지녔다. 그것이 판사의 직업윤리다.

박주영 부산지방법원 부장판사가 쓴 책《어떤 양형 이유》(김영사, 2019)에는 다음과 같은 대목이 있다.

> (판사는) 평소 정의에 대해 고민하고 예민하게 바라보고, 즉각적으로 판단하는 훈련을 게을리해선 안 된다. (중략) 정의의 본질에 대한 진지한 고민과 더불어 정의감을 예민하게 벼려야 한다. (중략) 그렇게 예민하게 벼려진 더듬이를 세상에 드리우고 촉각을 곤두세워야 한다. 둔감해지고 게을러지면 끝이다. 부탁받은 정의가 보관된 창고를 수시로 열어보고 환기시키지 않으면 정의는 부패하고 기화해버릴 것이다.

27년간 미국 연방대법관을 지낸 '진보의 아이콘' 루스 베이더 긴즈버그(Ruth Bader Ginsburg) 역시 "우리의 책무는 있는 힘껏 정의를 추구하는 것"이라고 했다. 또한 "판사는 관련 사실과 해당 법에 부합하는지 살피면서 각각의 사건에 공정한 판결을 내려야 한다"고도 했다.

그래서 다시 묻게 된다. 124건의 재판을 담당한 판사들은 '부탁받은 정의'가 상할까 수시로 들여다보고 더듬이를 벼려왔을까? 그렇게 정의를 추구했을까? 교제살인 재판은 모두 공정했을까? 우리의 결론은 '아닐 가능성이 높다'로 기울었다.

여자친구를 죽이고도 자유의 몸이 되었다

판결문에 적힌 여자의 나이는 스물다섯 살이었다. 남자의 주장에 따르면 여자친구가 먼저 화를 냈다고 했다. 여자 동창생으로부터 게임 초대 메시지를 받은 게 화근이었다고 했다. 휴대폰 바탕화면을 여자 연예인 사진으로 설정했는데 그것도 여자친구가 불쾌해했다고 했다. 여자친구가 "다른 여자와 연락을 주고받는 거냐"며 식당을 나갔고, 택시를 타려는 여자친구를 굳이 그가 붙잡았다고 했다. 그는 사과했다고 했다. 그럼에도 여자친구는 화를 풀지 않았다고 했다.

"너는 왜 네 할 말만 하고 가."
"할 말 있으면 해."
"왜 이렇게 나를 못 믿어."
"행동으로 보여줘야 믿지. 여자 연예인을 배경화면으로 해놓고 있으면 어떻게 믿어."
"그건 정말 미안해. 행동으로 보여주고 싶은데 못 보여줘서

미안해."

"너는 별것도 아닌 걸 가지고 사람을 화나게 만들어."

여자친구가 사소한 일로 화를 냈다고 하는 것은 오로지 남자가 설명하는 정황이다. 두 달 전에 헤어졌던 두 사람은 부모님에게 알리지 않고 다시 교제를 하던 중이라고 했다. 재교제 후 불거진 말다툼은 '사건'이 되었다.

판결문에 따르면 "사과를 받아주지 않아 순간 화가 난" 남자는 들고 있던 90센티미터 길이의 검정색 장우산을 불과 1미터 앞에 서 있던 여자를 향해 던졌다. 우산 꼭지가 여자를 향하도록 한 후 중간 부분을 잡아 들고 힘껏 던졌다. 그대로 여자의 왼쪽 눈 부위 미간을 찔렀다. 상처는 치명적이었다. 우산 꼭지가 눈 안쪽으로 6센티미터 이상 들어갈 정도였다. 두 눈 뒤쪽에 있는 나비뼈가 부러졌고 그 파편이 뇌교(중추신경계 일부)를 손상시켰다. 여자는 50분 후 과다출혈로 사망했다.

2017년 4월 열린 재판에서 변호인은 "피해자가 아니라 벽을 향해 우산을 던진 것일 뿐 피해자에 대한 상해의 고의가 없고 피해자 사망에 대한 예견 가능성이 없다"고 주장했다. 하지만 재판부는 이 주장을 받아들이지 않았다.

피고인과 피해자는 1미터 정도의 매우 가까운 거리에 위치하고 있었고, 우산을 던질 당시 상해의 고의가 있었음을 인정할 수 있고, 그로 인해 피해자가 사망할 수도 있다는 점에서 충분히 예견할 수 있었다고 봄이 상당하다. (중략) 이 사건 범행으로 피해자를 사망에 이르도록 하여 되돌릴 수 없는 중대한 결과를 발생시켰다.

— 인천지방법원 제12형사부, 이영광 부장판사, 2016고합○○○

상해치사 혐의로 기소된 남자는 1심에서 징역 4년을 선고받았지만 4개월 후 풀려났다. 2017년 8월에 열린 항소심에서 징역 3년에 집행유예 4년을 받은 것이다. 항소심 재판부는 "상해로 피해자가 사망할 수 있다는 점은 일반경험칙상 넉넉히 예상할 수 있다"고 인정했다. "매우 가까운 거리에서 피해자를 향해 우산을 강하게 던진 것, 우산 꼭지가 6센티미터 이상 피해자 눈 안쪽으로 찌른 것" 모두 '사실'로 받아들여졌다. 다만 달라진 것은 하나였다. 남자가 피해자 유족에게 건넨 합의금 2억 원. 여자의 가족은 항소심에서 남자에 대한 선처를 탄원했고 재판부는 이를 받아들였다.

피고인에게 이번에 한하여 사회로 복귀할 수 있는 기회를 주기로 했다.

— 서울고등법원 제1형사부, 김인겸 부장판사, 2017노○○○○

항소심에서 남자의 변호사는 "사건 당시 피고인과 피해자의 다툼은 매우 사소하고 일상적인 것이었다"고 주장했다. 그 '사소한' 다툼 때문에 여자는 '소중한' 목숨을 잃었다. 25년의 짧은 생이었다.

2016년 스물다섯 살이었던 여자가 지금까지 무사했다면 2021년 서른 살이 되었을 것이다. 하지만 그는 남들처럼 서른이 될 기회를 빼앗겼다. 그리고 그 기회를 빼앗은 남자는 돈 2억 원으로 자유를 샀다. 현재도 남들처럼 세상 속에 있다.

스물한 살 여자의 삶은 끝났지만

남자는 1억 5000만 원의 합의금을 내고 풀려났다. "여자친구가 다른 남자에게 호감을 보이는 듯한 언행을 했다"는 이유로 여자친구를 때려 죽음에 이르게 한 남자다. 2018년 8월 20일 오전 4시 27분 시작된 폭행은 13분 동안 이어졌다.

> 피해자의 목을 감은 후 주먹으로 피해자의 머리를 1회 내리쳤다. 다시 주먹을 휘둘러 피해자의 머리를 2회 세게 때려 피해자를 쓰러뜨렸다. 팔로 피해자의 목을 감아(일명 헤드락) 정신을 잃고 바닥에 쓰러지게 한 후, 손으로 2회 피해자의 머리

를 때렸다. 피해자를 둘러메고 노상에 내려놓은 후 피해자가 일어나자 양손으로 피해자를 밀어 뒤로 넘어뜨렸다. 피해자의 목을 감아 돌려 바닥에 주저앉히고 피해자가 바닥에 쓰러져 눕자 주먹으로 피해자의 얼굴을 1회 때리고 휴대폰을 피해자의 뒤통수에 던져 내리친 후 주먹으로 피해자의 얼굴을 세게 때려 쓰러지는 피해자의 뒤통수가 출입문 바닥 모서리에 부딪히게 했다. 연이어 주먹으로 피해자의 얼굴을 1회 때렸다.

- 청주지방법원 제11형사부, 소병진 부장판사, 2018고합○○○

판결문에는 13분 동안의 그 처참한 광경이 고스란히 적혀 있었다. 속절없이 흐르는 1분 1분이 얼마나 숨 막히게 고통스러웠을지 짐작할 수조차 없다. 재판부는 "피해자를 무자비하게 폭행하여 지주막하출혈 등으로 사망에 이르게 했다"고 했다. 상해치사 혐의가 적용된 남자에게 징역 6년이 선고되었다. 하지만 그도 역시 풀려났다. 2019년 7월 대전고등법원 청주 제1형사부는 원심을 파기하고 징역 3년에 집행유예 5년을 선고했다.

피해자의 유족들에게 합의금 1억 5000만 원을 지급하고 원만히 합의하였고, 피해자의 아버지는 피해자의 휴대폰에 남아 있는 사진, 문자 등을 통해 피고인과 피해자가 서로 아끼고 사랑하던 사이였다는 사실을 알았다면서 선처를 바란다는 탄원서를 법원에 제출했다.

- 대전고등법원 청주 제1형사부, 김성수 부장판사, (청주)2018노○○○

스물한 살 여자의 삶이 끝났다. 동갑이던 남자는 2021년 스물넷이 되었다.

합의금에 줄어든 형량

재판에서 돈은 만능이었다. '합의금'이라는 이름으로 자유를 살 수도 있고, 형량을 줄일 수도 있었다. 108건의 교제살인 사건 가운데 항소심에서 형량이 줄어든 사건은 9건이었다. 이 중 '합의금 지급'이 판결문에 명시된 사례는 6건이다. 총 4억 7300만 원(합의금 불상 1건 미포함)이 여자의 유족에게 전달되었다. 그리고 '그 남자' 6명은 총 23년의 형량을 줄였다.

5000만 원, −5년
불륜 관계를 청산하는 과정에서 피해자가 피고인이 운영하는 가게에 찾아오는 등 피고인을 괴롭히는 행위를 해왔다고 한다. 범행 당일 둘은 술을 마셨고, 피해자가 피고인에게 집착하면서 비아냥거리는 말을 했다고 피고인은 전했다. 이에 격분한 피고인은 차에 함께 타고 있던 피해자의 머리채를 잡고 대시보드와 조수석 창문에 밀쳐 부딪히게 하고 피해자가 문을 열고 도망가려 하자 피해자의 머리채를 움켜잡고 도망가지 못하도록 한 후 피해자를 차량 밖 바닥에 쓰러뜨리고 피해자의 얼굴을 수회 때리고 목을 졸라 경부압박 질식으로 사망하게 했다. 1심에서 징역 12년을 선고받은 그는 2심에서 피해자 어머니에게 5000만 원 합의금을 지급한 후 징역 7년을 선고받았다.●

5000만 원, −2년

피해자와 피고인이 모두 소속된 주말농장 친목회에서 피해자와 다른 회원 간에 시비가 붙었고, 그로 인해 친목회 자리가 종료됐다고 한다. 피해자는 "왜 내 편을 안 들어주냐"며 피고인에게 소리치며 술자리 테이블을 엎었다고 한다. 순간적으로 화가 난 피고인은 피해자의 뺨을 2회 때려 바닥에 넘어뜨린 다음 손과 발로 피해자의 복부 및 골반 그리고 허벅지 등을 마구 때리고 짓밟아 피해자로 하여금 그 자리에서

● '광주고등법원 제1형사부, 최수환 부장판사, 2018노○○○' 등 판결문 요약.

오른심방 파열, 간 파열, 다발성 갈비뼈 후면부 골절, 엉덩뼈 골절 등 다발성 장기손상으로 사망에 이르게 하였다. 1심에서 3000만 원을 공탁한 피고인은 징역 7년을 선고받았다. 그는 2심에서 피해자 유족에게 5000만 원을 추가로 지급하고 징역 5년을 선고받았다.•

2300만 원, −2년

피해자를 지속적으로 폭행해온 피고인은 별다른 이유 없이 피해자의 얼굴을 손바닥으로 4회 때리고 계속해서 30분 동안 손과 발을 이용해 피해자의 얼굴과 머리 등을 마구 때려 피해자에게 목근육과 양측 측두부의 근육 내 출혈, 외상성 경막하 출혈 등의 상해를 가하고, 그로 인해 피해자로 하여금 사망에 이르게 하였다. 1심에서 징역 6년을 선고받은 피고인은 2심에서 유족에게 장례비 등으로 2300만 원을 지급하였고, 피해자의 아버지는 피고인과 합의해 피고인의 처벌을 원하지 않는다고 밝혔다. 피고인은 2심에서 징역 4년을 선고받았다.••

• '서울고등법원 춘천 제1형사부, 김복형 부장판사, (춘천)2018노○○' 등 판결문 요약.
•• '대구고등법원 제2형사부, 이재희 부장판사, 2019노○○○' 등 판결문 요약.

돈을 지불할 경제력을 갖춘 그들은 피해자 유족에게 합의금을 건넸고, 이미 세상에서 사라진 그녀들의 의지와는 상관없이 합의가 이뤄졌다. 화가 났다는 이유로 혹은 아무 이유도 없이 피해자를 죽인 그 남자들은 그렇게 자신에게 내려진 처벌 형량을 줄였다.

우리가 만난 한 검사는 "살인 사건의 경우 피해자의 영혼이 재판정에 머물고 있을 것이라 믿는다"고 말했다. 그렇게 피해자를 의식하며 재판에 임한다고 했다. 그의 말처럼 피해자가 재판정에 있었다면 그녀들은 이 재판들을 '공정'하다고 여겼을까?

살인의 죗값

> 저항하지 않는 피해자를 상대로 양손으로 머리채를 붙잡아 머리카락이 뭉치째 빠질 정도로 강하게 수회 흔든 후 양 손바닥과 양 주먹으로 피해자의 얼굴과 머리 등을 10회 이상 때려 피해자에게 외상성 경막하출혈, 늑골 다발골절 등의 상해를 가해 외상성 뇌출혈로 인한 중증뇌부종에 따른 뇌간마비로 사망에 이르게 하였다.
> — 의정부지방법원 제11형사부, 고충정 부장판사, 2017고합○○○

여자의 나이는 46세, 그의 죽음은 9000만 원에 합의되었다. 1심 재판부는 징역 3년에 집행유예 4년을 선고했다. 재판부는 "피고인이 다른 남자와 교제 사실을 다그치던 중 순간적으로 격분하여 우발적으로 사건 범행을 저지른 것으로 보이는 점, 피해자의 유족들에게 합의금으로 9000만 원을 지급하고 유족들이 피고인의 처벌을 원하지 않는 점, 범행 이후 119에 스스로 신고한 점" 등을 유리한 정상으로 꼽았다. 검사는 "원심

형이 너무 가볍다"며 항소를 제기했다. 남자는 피해 여성의 자녀에게 3000만 원을 추가로 지급했다.

하지만 그렇게 마침표를 찍을 줄 알았던 항소심 판결에서 판사는 "인간의 생명은 무엇과도 바꿀 수 없는 소중한 가치이고, 그러한 생명을 침해하는 것은 어떠한 방법으로도 피해를 회복할 수 없는 중대 범죄"라고 말했다. 2018년 10월 서울고등법원 제3형사부 조영철 판사는 원심을 파기하고 징역 2년을 선고했다.

> 그러나 인간의 생명은 무엇과도 바꿀 수 없는 소중한 가치이고, 그러한 생명을 침해하는 것은 어떠한 방법으로도 피해를 회복할 수 없는 중대 범죄이다. 피고인이 유족들에게 위자료를 지급하고 합의하기는 하였으나, 피해자의 사망이라는 결과 발생에 대해서는 그 피해가 전혀 회복될 수 없다는 근본적인 한계점도 고려돼야 한다.
> - 서울고등법원 제3형사부, 조영철 부장판사, 2018노○○○

사망이라는 피해는 그 무엇으로도 회복될 수 없다는 당연한 명제를 언급한 판결이었다. 그래도 돈이 전부는 아니라고 말하고 있었다. 그리고 항소심 판결문에 적힌 양형 이유에는 그녀가 겪은 고통에 대한 이해가 담겨 있었다. 1심 판결문에서 볼 수 없었던 "피고인은 30여 분에 걸쳐 양손으로 피해자를 심하게 폭행했다"는 사실도 추가로 언급되었다.

> 달리 도망할 수도 없었던 좁은 공간에서 피해자는 피고인의 무차별적인 폭행에 아무런 저항도 하지 못하였고, 그 상해 부위 및 정도에 비추어 극심한 고통 속에 생을 마감하였을 것으로 보인다.
> – 서울고등법원 제3형사부, 조영철 부장판사, 2018노○○○

조영철 판사는 남겨진 피해자 유족의 슬픔과 평생 안고 가야 할 충격도 언급했다. 46세의 그녀에게 두 아들이 있었다는 사실을 판결문을 통해 확인할 수 있었다.

> 피해자의 두 자녀들은 모두 미성년자로서 평생 큰 정신적 충격과 고통 속에 살아갈 수밖에 없다. 피해자의 둘째 아들은 초등학생에 불과하고 고등학생인 큰아들은 피고인의 사망에 따른 큰 충격으로 상담 등의 도움을 받고 있다.
> – 서울고등법원 제3형사부, 조영철 부장판사, 2018노○○○

9000만 원에 자유를 살 뻔했던 남자는 감옥으로 돌아갔다. 합의금 제도가 있기에 그나마 피해자의 피해를 구제할 수 있다는 의견도 있다. 그러나 피해자의 의사를 확인할 길이 없는, 이미 피해자가 죽고 없는 상황에서도 그 구제가 '당연한 수순'이어야 할까? 4억 7300만 원의 합의금으로 형량 23년을 감형해주는 것을 그녀들은 원했을까? 그것이 공정일까?

전문가들은 구상권 제도가 활성화되어야 한다고 말한다. 구상권은 국가가 피해를 본 사람들에게 배상금을 먼저 지급한 뒤 불법행위에 책임이 있는 자를 상대로 배상금을 청구하는 권리를 말한다. 피해 보상에 국가가 적극적으로 개입해서 피해자 측에 선제적 보상이 이뤄지도록 한 후 이를 가해자가 갚게 해야 한다는 것이다. 이를 통해 '합의=감형'으로 이어지는 고리를 끊어낼 수 있다. 이미 발생한 범죄에 대한 국가의 책임을 높인다는 점에서도 의미가 있다.

사회 전반의 인식 개선도 필요하다. 데이트폭력 사건을 '사소하게 보는' 인식을 바꿔야 한다. 이것이 사회적 문제이며 사망에까지 이를 수 있는 심각한 사건이라는 것을 알아야 한다.

한 가지는 분명하다. 돈이 죽음을 되돌릴 수는 없다. "인간의 생명은 무엇과도 바꿀 수 없는 소중한 가치이고, 그러한 생명을 침해하는 것은 어떠한 방법으로도 피해를 회복할 수 없는 중대 범죄"라는 조영철 판사의 말에 '국가의 역할'이 무엇인지에 대한 답이 담겨 있다.

돈이 만능인 사회가 정의로운 사회일 수는 없다. 그렇다고 판사 개개인의 '버려진 정의'를 바라고만 있을 수는 없는 노릇이다. '죽임'의 죗값이 제대로 내려지는 '공정'한 체계를 마련하는 일이 지금 무엇보다 필요하다.

죽도록 때렸는데 왜 살인이 아닌가

돈으로 자유를 사고, 돈으로 형량을 줄인 사건들에는 또 다른 공통점이 있다. 폭행치사 혹은 상해치사 사건으로 결론이 났다는 점이다.

치사와 살인은 사람이 죽었다는 점에서는 같다. 그러나 그 죽음에 '고의'가 있었느냐에 따라 둘은 나뉜다. 앞에서 다룬 치사 사건들은 "피해자가 죽을 줄 몰랐다", 즉 죽임에 고의가 없었다는 가해자의 말이 받아들여진 경우다.

그녀의 죽음도 '그럴 줄 몰랐던' 죽음이었다. 2017년 4월 새벽에 발생한 사망 사건의 직접적인 원인은 과다출혈이었다. 장간막(장을 매달아 유지하는 복막의 일부분)이 9센티미터 찢어졌다. 가해자로 지목된 그녀의 연인은 범행을 일절 부인했다.

"새벽 2~3시경 피해자가 2층 계단을 걸어 올라오는 구두 발자국 소리에 잠에서 깨었다. 피해자는 몸을 비틀거리며 들어와서는 거실 바닥에 주저앉아 팬티를 입은 채 대소변을 봤다. 이에 피해자 옷을 벗겨 물수건으로 몸을 닦은 뒤 피해자를 침대에 옮겨 눕혔다. 새벽 4시경 일을 나가기 위해 깼는데 피해자가 숨을 쉬지 않아 119에 신고했다."

그 남자는 그날 새벽의 일을 이렇게 진술했다. 자신은 여자를 때린 사실이 전혀 없다고 했다. 그러나 그의 전력이 '사건의 목격자' 역할을 했다. 그가 폭행을 행사했을 가능성을 그의 '과거'가 높이고 있었다. 2012년부터 여자와 동거 중이던 남자는 그해 9월 여자의 얼굴을 때려 입건되었고 수사를 받았다. 여자의 지인은 그녀가 사망하기 몇 달 전 "(그 남자로부터) 발로 옆구리를 차여서 아파죽겠다. 한 번씩 손버릇이 있다"고 말했다고 진술했다. 또 다른 지인들도 그녀가 그 남자로부터 폭행을 당해 얼굴과 어깨 등에 멍이 생긴 것을 본 적이 있다고 진술했다.

남자는 한사코 범행을 부인했지만 '그의 폭행 전력'이 발목을 붙잡았다. 재판부는 "피고인이 피해자를 상습적으로 폭행해 왔다"고 판단했다.

종전에도 수차례에 걸쳐 피해자가 술에 취해 횡설수설한다는 이유로 피해자를 폭행했는데, 피해자가 거실 바닥에 용변을 보고 뒤처리까지 피고인이 하였음에도 피해자에게 아무런 질책을 하지 않았다는 것은 믿기 어렵다.
- 대구지방법원 제11형사부, 손현찬 부장판사, 2018고합○○○

2016년 4월 그녀가 술에 취해 횡설수설한다는 이유로 남자가 다리, 팔, 얼굴 등을 때려 상해를 가했던 사실도, 2017년 1월 그녀가 술에 취해 횡설수설하자 화가 난 남자가 그녀의 옆구리를 걷어차 폭행한 사실도 이 재판에서 함께 다뤄졌다.

> 증거들을 종합해보면 피고인은 피해자의 복부를 발이나 주먹 등으로 구타하였을 것으로 보인다. 이후 자신의 범행을 은폐할 목적으로 피해자의 몸을 닦고 속옷을 갈아입히는 등 죄증을 인멸하는 행위를 한 다음 스스로 119에 신고한 것으로 보인다.
> - 대구지방법원 제11형사부, 손현찬 부장판사, 2018고합○○○

재판에서 법의관은 "장간막이 찢어질 정도의 외력을 입었다면 보통 사람들은 통증이 심해 제대로 걸을 수 없을 것"이라고 진술했다. 그녀는 극심한 고통 속에 죽어갔을 것이다. 그럼에도 끝끝내 범행을 부인하고 은폐하려 한 남자에게 적용된 혐의는 폭행치사였다. 죽일 의도가 없었던 죽음.
판사는 "피고인은 잘못을 반성하고 용서를 빌기는커녕 태연히 범행을 부인하고 있다. 유족들로부터 용서를 받지 못했다. 엄벌이 불가피하다"고 했다. 그리고 그 '엄벌'로 고작 징역 4년을 선고했다. 상해·폭행·폭행치사를 모두 합친 형량이었다.

'그럴 줄 몰랐던' 죽음의 죗값은 상대적으로 가볍다. 살인의 경우(보통 동기 살인) 양형기준이 10년에서 16년이다. 폭행치사는 양형기준이 2년에서 4년이다. 맞아 죽어가던 그녀들은 얼마나 고통스러웠을까. "때리다 보니 죽었다"는 어처구니없는 죽음의 죗값이 너무 얄팍하다.

죽을 줄 몰랐다

교제살인 108건에서 "죽일 의도가 없었다"고 주장하는 남자에게 '치사죄'가 적용된 경우가 23건이었다. 치사 사건 21건(집행유예 2건 제외)의 평균 형량은 6.6년이었다. 상대적으로 형량이 높은 방화치사(징역 25년), 특수감금치사(징역 10년), 강간치사(징역 7년)를 제외한 폭행 및 상해치사 사건 18건의 평균 형량은 5.4년이었다. 여자를 주먹으로 때려죽이고, 그 죄로 5.4년 형을 받은 것이다.

키 159센티미터의 왜소한 여자를 때려 뇌출혈로 사망에 이르게 한 사건에는 징역 6년이 선고되었다. 여자의 머리채를 잡고 손바닥으로 뺨을 수차례 때리고 주먹으로 얼굴을 수차례 때려 방바닥에 쓰러지게 하고 발로 배를 수차례 걷어차서 여자가 의식을 잃었음에도 10시간 동안 방치해 숨지게 한 사건 역시 징역 5년을 받았다. 오로지 가해 남자의 무력으로 여자의 얼굴 전체에 멍이 들고, 내장이 찢어지고, 뇌출혈이 발생했지만 그 과정에서 고의나 미필적 고의가 없었다고 검찰과 법원은 판단했다.

여기서 의문이 들 수밖에 없다. 극도의 폭력을 행사했으면서도 그들은 어떻게 "죽을 줄 몰랐다"는 주장을 펼칠 수 있을까? 10년간 동거하던 연인을 때려 죽음에 이르게 한 남자가 재판 과정에서 한 진술을 보자.

> "피해자가 술을 먹고 실수를 하여 10년 동안 자주 폭행을 했습니다. (사건 당시) 피해자가 방바닥에 누운 채로 아무 대답을 하지 않길래, 또 죽은 척 쇼를 하나 보다 하고 신경 안 쓰고 누웠습니다. 전에도 제가 이렇게 때리고 나면 일부러 숨을 안 쉬고 죽은 척하며 불러도 대답이 없었던 적이 여러 번 있었습니다."
>
> – 부산지방법원 동부지원 제1형사부, 김동현 부장판사, 2017고합○○

그 남자는 그녀가 술에 취해 몸도 가누지 못하고 주정을 했다는 이유로 의자 안장 부위로 여자의 머리를 2~3회 내리치고 발뒤꿈치로 여자의 복부와 허벅지 등을 수차례 내리쳐 두부 손상과 장간막출혈·파열로 사망하게 했다. 여자는 객실 바닥에 쓰러진 채로 죽었다. 남자는 코피를 흘리며 신음 소리를 내는 그녀가 "쇼를 한다"고 여겼다. 오랫동안 지속적으로 이어진 폭행에도 그녀가 죽지 않았기에 "죽을 줄 몰랐다"고 남자는 말했다.

18건의 상해·폭행치사 사건 가운데 동일 피해자에 대한 가해자의 상습적 폭행이 명시된 사건은 6건에 달한다. 피고인들은 피해 여성을 지속적으로 때려왔고, 그랬기에 죽을 줄 몰랐다고 주장했다. 그 폭행의 끝은 일방의 죽음이었다. 그럼에도 이들의 평균 칫값은 5.4년이다.

상시적 폭행을 가한 정황이 오히려 "죽을 줄 몰랐다"는 주장을 뒷받침해 형량을 낮춰주는 격이다. 이것이 정당할까? 오히려 '가중요소'가 되어야 하는 것 아닐까? 이 같은 질문은 재판부가, 검사가, 경찰이 했어야 마땅하다.

살인을 입증하기 어렵다

여기서 드는 두 번째 의문. 피해자를 죽도록 때렸음에도 왜 사법부는 치사로 판단하는 것일까? 일선 현장에서 사건을 조사·지휘하는 검사는 "살인을 입증하기 어렵다"고 말한다. 현실적인 제약이 있다는 것이다. 한 부장검사의 말이다.

> "사실 죽도록 때려도 대부분 안 죽어요. 그런데 죽었으니 '죽을 줄 몰랐다'는 거죠. 만날 때려버릇했으니까. '분노에 사로잡혀서 보이는 게 없었던 상황인데, 죽이려는 의도가 있었겠나.' 이렇게 주장하면 그 의도를 입증하기가 어렵죠. 수사기관은 가해자만 봐요. 그 사람 이야기만 계속 들어요. 누구를 접촉해서 누구의 말을 듣느냐에 따라 느낌이 다를 수밖에 없어요. 피해자가 사망한 사건에서는 가해자만 말을 하고 피해자는 말이 없잖아요."

실제로 108건의 교제살인 가운데 피해자와 가해자 단둘이 있을 때 범행이 일어난 경우가 95건이었다. 가해자만이 살인 현장의 유일한 '화자'로 남은 상황이 88퍼센트에 달하는 것이다.

> "수사받을 때 겁에 질린 가해자의 얼굴만 보면 피해자를 죽이려 했던 그 얼굴이 상상이 안 됩니다. 살인 고의를 입증할 자신이 정말 있지 않으면 살인으로 기소하기 어렵죠. 신의 법정이 아니라 인간의 법정이라서… '억울한 사람이 생기면

어떻게 하지' 하는 그 겁이 주저하게 만들어요. '의심스러울 때는 피고인의 이익으로'라는 형사재판의 원칙, 그쪽으로 갈 수밖에 없습니다."

이 부장검사는 그럼에도 불구하고, 가해자에게 적합한 처벌을 내리기 위해 구형을 올리는 방법을 택한다고 했다.

"아무리 봐도 가해자가 악질적이다 싶으면, 살인으로는 기소하지 않아도 구형을 올려요. 살인의 고의를 입증하기 어렵다면 형을 올리는 거죠."

그렇다면 판사들은 어떨까? 교제살인 사건을 엄중하게 바라보는 일부 판사들은 양형 권고 범위를 상회하는 선고를 통해 가해자의 죄를 엄벌했다.

피고인은 36년간 폭력범죄 전력이 8회 있는데 그중에는 피해자 이전에 다른 동거녀를 상대로 폭행, 협박을 한 전과도 있는 점 등을 봤을 때 피고인은 여러 차례 처벌을 받았음에도 자신의 폭력적 성행을 교정하지 못하고 이와 같이 중대한 결과를 야기하고 말았다. 피해자의 신체 손상 정도에 비추어 볼 때 범행의 잔혹함과 이로 인해 피해자의 고통이 얼마나 극심하였을지 넉넉히 짐작할 수 있다. 피고인에 대한 적극적인 성행 개선을 위해 장기간의 실형 선고가 불가피하다.

이 사건 양형요소를 종합하여 볼 때 양형기준상 권고형은 이를 적절히 반영하고 있다고 보기 어려워 권고형의 상한을 벗어나 주문과 같이 형을 정한다. 피고인을 징역 9년에 처한다.

– 부산지방법원 동부지원 제1형사부, 김동현 부장판사, 2017고합○○

"피해자가 쇼하는 줄 알았다"던 가해자에게 재판부는 9년 형을 선고했다. '잔혹한 범행 수법'을 가중요소로 판단했고, 양형 이유에는 판사의 '엄벌 의지'가 담겼다. 상해치사의 기본 양형기준은 3년에서 5년이다. 가중요소에 따른 권고형의 범위는 4년에서 7년이다. 재판부는 이 상한을 벗어나 징역 9년을 선고했다.

널뛰기 판결

여자는 2016년 10월, 2017년 6월, 2017년 8월 세 차례에 걸쳐 남자친구를 폭행으로 신고했다. 남자친구는 조현병 진단을 받은 사람이었다. 2017년 9월, 남자는 또다시 주먹으로 여자의 복부를 때렸다. 여자는 그로 인해 숨졌고 남자는 상해치사로 기소되어 재판이 진행되었다. 1심 재판부는 징역 4년을 선고했다. 피고 측은 형이 너무 무겁다고, 검사는 형이 너무 가볍다며 항소했다.

2심 재판부는 징역 7년을 선고했다. "오래전부터 조현병 등으로 치료를 받아왔고, 이 사건 당시에도 심신미약 상태"라는 점을 유리한 정상으로 판단하면서도 그렇게 판결했다. 이는 '심신미약 감경으로 인한 권고형의 범위(징역 2~4년)'를 크게 상회하는 양형이었다. 김복형 재판장은 "피고인이 자신의 책임을 회피하기에 급급하다"면서 이렇게 이유를 밝혔다.

> 피해자가 아무런 동기나 원인을 제공하지 않았음에도 피고인은 여성인 피해자의 복부를 강타하여 젊은 나이의 피해자를 사망에 이르게 한바, 그 결과가 너무 중하다. 생명은 한번 잃으면 영원히 회복할 수 없고 이 세상에서 무엇과도 바꿀 수 없는 귀중하고도 엄숙한 것이며 존엄한 인간 존재의 근원이다.
>
> - 서울고등법원 춘천 제1형사부, 김복형 부장판사, 2018노○○

교제살인의 심각성을 직시하며 재량의 최대치로 엄벌을 내린 판결들에 다행스러움을 느끼면서도 한편으로는 답답함을 감출 수 없었다. 본질적인 문제가 남아 있기 때문이다. 어떤 재판정에 서느냐에 따라 어떤 가해자는 돈으로 자유를 산다. 반대로 합의금을 더 냈지만 형량이 늘어나기도 한다. 피해자를 지속적으로 폭행한 전력이 있어도 어떤 판사는 양형 이유에서 이를 언급조차 하지 않는다. 그러나 어떤 판사는 이를 가중 요소로 판단해 기준 형량보다 높여 선고한다. 재판마다 판결이 널뛰기를 한다. 이것은 공정이 아니다.

언제까지 개개인의 선택 혹은 의지에만 맡겨놓을 것인가? 양형 편차의 문제를 어떻게 극복할 것인가? 어떻게 하면 짜인 '체계' 안에서 공정을 조금이나마 담보할 수 있을까? 우리는 본질적인 질문에 봉착했다.

나의 죽음은 말이 없다

모두 살인 사건이었다. 교제살인이라는 점에서 동일했다. 그런데 한 판사는 남자의 격분을 헤아렸고, 다른 판사는 여자의 고통을 헤아렸다. 그 차이는 13년의 양형 차이로 나타났다.

먼저 남자의 격분을 헤아린 판결을 보자. 두 사람은 내연 관계였다. 사이가 좋지 않았다. 서로 비난하고 욕설하는 문자를 주고받았다.

그날도 여자가 남자의 아내를 욕하는 문자메시지를 보냈다고 했다. 아내와 술을 마시던 남자는 차를 몰고 여자의 집 앞으로 왔다. 여자와 남자는 함께 술을 마셨다. 그러다가 다툼이 시작되었다. 헤어져달라고 하는 자신에게 여자가 비아냥거리는 말을 했다고 남자는 주장했다. 그것이 격분의 이유였다.

판결문에 따르면 그날 여자는 차 안에서 남자에게 얼굴과 목을 구타당하고 머리채를 잡혀 대시보드와 조수석 창문에 머리를 부딪혔다. 여자는 문을 열고 도망가려 했지만 남자는 여자의 머리채를 움켜잡고 조수석 쪽으로 넘어가 여자를 차량 밖 바닥에 쓰러뜨렸다. 그리고 목을 졸랐다. 여자는 경부압박 질식으로 사망했다. 그런 남자의 격분을 판사는 참작했다.

> 피고인이 피해자와 불륜 관계를 청산하는 과정에서 피해자가 피고인의 처에게 폭언을 하거나 피고인이 운영하는 가게에 찾아오는 등 피고인 측을 괴롭히는 행위를 해왔다. 사건 당일에도 피해자가 집착하면서 비아냥거리자 피고인이 화를 참지 못하고 우발적으로 이 사건 범행에 이르게 된 것으로 보여 범행 경위에 일부 참작할 사정이 있다.
>
> — 광주고등법원 제1형사부, 최수환 부장판사, 2018노○○○

남자가 여자의 어머니에게 5000만 원을 주고 합의한 것도 항소심에서 '유리한 정상'으로 추가되었다. 유리한 정상은 형량을 낮추는 역할을 한다. 그는 1심에서 징역 12년을 선고받았지만 항소심에서는 징역 7년을 받았다.

이제 여자의 고통을 헤아린 판결을 보자. 두 사람은 석 달 남짓 사귀었다. 남자가 여자의 휴대폰을 숨겼고, 이로 인해 다툼이 생겼다. 여자는 헤어지자고 했지만 남자는 받아들이지 않았다. 그는 여자 앞에서 면도칼로 손목을 그으며 자살하겠다고 위협했다. 집에 가겠다는 여자를 새벽까지 붙잡아두었다. 남자는 자신이 작성한 유서를 여자의 직장 고용주와 주변인에게 전송하기도 했다. 여자는 무서웠다. "너무 위험한 사람이다. 만나지 않겠다"고 문자를 보냈다.

남자는 여자의 집에 무단 침입했다. 무릎을 꿇고 다시 만나달라고 요구했다. "나가지 않으면 소리 지르겠다"는 여자의 입을 남자가 틀어막았다. 다른 한 손으로 목을 졸라 살해했다.

사건을 맡은 판사는 "피고인의 행위는 데이트폭력의 전형적인 행태"라며 "데이트폭력 피해자는 더욱 범행에 취약할 수밖에 없다"고 말했다. 데이트폭력 그 자체를 특별가중요소, 즉 특별히 형벌이 더 무거워야 하는 범죄로 판단했다.

> 피해자는 피고인에게 주거지, 연락처, 직장, 가족 및 친구 관계, 생활습관, 행동반경 등 모든 요소가 광범위하게 노출되어 있어 범행에 매우 취약할 수밖에 없었다. 피고인은 사랑이라는 이름으로 자신의 범죄행위들을 정당화하면서 죄책감조차 느끼지 않던 끝에 급기야 피해자를 살해하기에 이르렀다. 피해자는 한때 피고인과 연인 관계였다는 이유만으로 25살의 젊은 나이에 제대로 저항 한번 해보지 못하고 꽃다운 삶을 마감하였다.
> — 수원지방법원 제15형사부, 김정민 부장판사, 2018고합○○○

양형 이유에는 교제폭력이 '사회적 문제'라는 문제의식까지 담겼다. 판사는 징역 20년을 선고했다.

> 더 이상 연인 관계 내부의 개인적인 문제가 아니라 폐단이 크고 엄중한 처벌이 필요한 사회적 문제로서, 범행에 취약한 피해자를 상대로 한 신뢰 관계 및 피해자의 약점을 이용한 범죄라는 점에서 죄질이 나쁘고 비난 가능성도 높다. 피고인에게는 무거운 책임에 상응하는 장기간의 실형의 선고가 불가피하다.
> — 수원지방법원 제15형사부, 김정민 부장판사, 2018고합○○○

두 사건 모두 교살이다. 무엇이 13년의 차이를 만들었을까? '피해자의 고통'이 빠진 판결을 과연 온전한 것으로 볼 수 있을까?

사라진 정의

여기 또 다른 두 개의 사건이 있다. 먼저 소개할 사건은 상해치사다. 그다음 소개할 사건은 살인이다. 공통점이 있다. 선고된 형량이 8년으로 같다. 상해치사 사건은 동거하던 여자가 헤어지자고 말하자 화가 난 남자가 집 안의 물건들을 집어 던지면서 시작되었다. 여자의 얼굴 전체에 멍이 들고, 주먹을 휘두른 남자의 손이 퉁퉁 부을 정도로 구타가 이어졌다.

> 범행 현장 곳곳에서 발견된 피해자의 혈흔, 피고인이 피해자를 폭행하는 데 사용한 부서진 전기밥솥과 커피포트 등 모습과 집의 상태, 피해자의 모습 등에 비추어보면 피해자는 극심한 고통과 공포에 시달렸을 것으로 보인다.
> — 인천지방법원 부천지원 제1형사부, 이언학 부장판사, 2017고합○○○

판사의 시선 안에 '여자의 공포'가 들어왔다. 상해치사의 기본적인 권고 형량 범위는 3~5년이다. 감경요소가 적용되면 2~4

년, 가중요소가 적용되면 4~8년으로 각각 그 범위가 바뀐다. 이 사건의 경우 감경요소가 있었다. 가해자가 112에 자신의 범행을 신고했다. 하지만 재판부는 "양형기준을 벗어나 법률상 처단형의 범위 내에서 형을 정한다"며 징역 8년을 선고했다. 잔혹한 범행 수법을 가중요소로 더 크게 판단한 것이다.

> 피고인은 어려운 집안 형편에도 아르바이트를 하면서 학업에 정진하여 대학에서 우수한 성적을 거두어 장학금을 받기도 하였고 대학 졸업 후 제약회사에 입사하여 피해자와 동거하기 전까지 성실하게 직장 생활을 하였다. (중략) 피해자는 피고인과 사건 이후에도 여러 명의 다른 남자들과 만나면서 거짓말을 반복하였다. 그럼에도 피고인은 피해자를 진심으로 사랑하고 믿어주었던 것으로 보인다. (중략)
> 피해자가 계속하여 거짓말과 외박을 반복하는 한편 피고인을 신경 쓰지 않고 무시하는 태도까지 보이자 마음의 상처와 그로 인한 피해자에 대한 분노가 통제하기 어려운 수준까지 커졌는데 사건 당일 피해자 말에 격분하여 이성을 잃고 피해자를 살해하게 된 것으로 보인다. 피고인은 피해자를 칼로 찌른 직후 곧바로 112에 전화하여 자신의 범행을 신고하였고 (중략) 피고인의 가족들이 피해자의 유족들에게 9000만 원을 지급하고 합의하였으며 피해자 유족들은 피고인을 용

서하고 선처를 탄원하고 있다.

— 대구지방법원 김천지원, 김정태 부장판사, 2018고합○○○

어떤 판사의 양형 이유에는 제약회사를 다녔던 성실한 청년이 입은 마음의 상처가 소상히 적혀 있다. 그러나 '성실한 청년'이었다는 그의 살인은 계획된 것이었다. 사건 발생 하루 전 휴대폰으로 '식칼 살인', '동거녀 살해', '칼로 사람 죽이는 방법' 등을 검색했다. 그리고 그날 20.5센티미터짜리 칼을 구입하고 장갑도 샀다. 그는 그 칼로 여자의 목, 가슴, 복부, 허벅지 등을 24회 이상 찔렀다. 재판부는 징역 8년을 선고했다. 이 판결에는 '피해자 유발론'이 강력하게 작동한 것으로 보인다.

> 양형 판단에 있어서도 피해자 유발론이 강력하게 작동하며 '다른 남자를 만났다', '갑작스런 이별 통보' 등 가해자가 주장하는 범행동기가 감경사유로 반영되는 모습들을 볼 수 있다. 인적 신뢰 관계에 있는 자에 의한 폭력이기 때문에 그 폭력과 피해가 중함에도 가중요소로 고려되지 않는다.
>
> — 손문숙·조재연, '데이트폭력 피해 당사자 지원 정책, 이대로 좋은가', 한국여성의전화 토론회, 2016년

양형위원회에서 마련한 폭력범죄 특별양형인자에는 다섯 가

지 감경요소가 있다. 그중 하나가 '피해자에게도 범행의 발생 또는 피해의 확대에 상당한 책임이 있는 경우'다. 전문가들은 교제폭력·살인 사건에 이 기준이 적용될 경우 피고인의 형이 감경될 위험이 있다고 지적했다.

> 해당 양형인자 실제 적용에 있어 연인 관계에서 발생하는 데이트폭력의 경우 모르는 사이에서 발생하는 폭력과 달리 지속적인 관계 속에서 폭력이 발생하기 때문에 피해자 측에서 폭력의 빌미를 제공하였다는 식의 피해자 유발론이 강하게 지배하고 있다. 이러한 인식에서 벗어나지 않는 한, 범행의 동기에 관하여 피해자 측이 유발하였다는 점을 감경사유로 참작할 위험이 존재한다.
>
> — 정은영, '데이트폭력에 대한 법률지원에 관하여',
> 한국여성의전화 포럼, 2015년

실제로 우리가 분석한 판결문에는 그 '위험'이 고스란히 담긴 경우가 많았다. 피해자는 죽고 없는 재판정에서 피고인들은 자신의 격분을 이해받고 감형되어 남은 삶을 영위한다. 이것은 공정이 아니다. 피해 여성에게 범죄의 원인과 책임을 돌리는 '피해자 유발론'이 여전히 만연해 있다. 이 속에서 지금도 여자들이 죽고 있다. 모두의 직무유기다.

인터뷰 · 현직 부장판사의 이야기

국가가 이 죽음에 개입해야 했다

판결문 속 108명의 여성들을 세상에 알리는 작업은 쉽지 않았다. 판결문을 찾고 분석했다. 판결문을 들여다보고 또 들여다봤다. 숫자의 의미를 뽑아내고 전문가들을 만났다. 교제살인이라는 이름을 고안했다. 이를 시각화해서 디지털 스토리텔링으로 보여주는 작업 또한 지난했다. 9개월여의 준비 끝에 2020년 11월부터 오마이뉴스에 〈교제살인〉 기획기사를 연재했다.

데이트폭력에 대한 제대로 된 '명명'에 반향이 있었다. 2020년 11월 부산 덕천역 지하상가에서 연인을 폭행하는 장면이 담긴 CCTV 영상이 SNS에 퍼지면서 전국적 이슈가 되었다. 온라인상에서 사람들은 이 사건을 '교제폭력' 혹은 '교제살인 미수 사건'이라 부르기도 했다.

그러면서 우리는 고민은 깊어졌다. 108이라는 숫자를 세상에 내놓은 우리도 그 죽음에 일부분 책임을 져야 했다. 기사를 내면서 그녀들의 의사를 물을 수 없었기 때문이다. 단순히 이들의 죽음을 흥밋거리로 다루는 게 아니라면 '대안'에 대한 고민이 필수적이었다. 무엇을 어떻게 해야 이런 비극을 줄일 수 있을까? 어떻게 하면 위험을 사전에 인지하고 여성의 안전을 담보할 수 있을까? 가해자에 대한 처벌이 제대로 이루어지려면 무엇부터 바뀌어야 할까?

바뀌어야 할 것은 한두 개가 아니었다. 그렇지만 우리는 무엇보다 양형 격차에 주목했다. 사귀던 여성을 때려죽이고도 집행유예로 풀려나는 건 정의가 아니었다. '제도' 안에서 이 격차를 줄일 수 있을 것이라 판단했다.

우리는 현직 부장판사●에게 질문을 던지기로 했다. '교제살인 판결 중 집행유예를 받은 사건'과 '널뛰는 양형 격차'에 대한 것이었다. 얼마 후 그 부장판사는 우리에게 긴 답변을 보내왔다.

───────────

- 108건 사례 중 집행유예로 최종 판결이 난 경우가 2건 있었습니다. 사소한 말다툼 끝에 여자친구에게 우산을 던져 사

───────────

● 인터뷰 내용 중에 재판에 대한 비평이 담겨 있어 익명으로 처리했다.

망하게 했는데, 상해치사로 1심에서는 징역 4년, 2심에서는 합의금 2억 원 지급 후 징역 3년에 집행유예 4년을 선고받은 사례가 있습니다. 또 다른 남자에게 호감을 보이는 듯한 언행을 했다는 이유로 피해자를 때려죽인 사건이 있었습니다. 1심에서 징역 6년, 2심에서 합의금 1억 5000만 원 지급 후 징역 3년에 집행유예 5년이 선고된 사례입니다. 사람을 죽였는데 어떻게 집행유예를 받을 수 있을까요?

사망 사건이라는 점에서 집행유예로 풀려나는 것을 심정적으로 납득하기 어려우실 것 같습니다. 그러나 고의 살인이 아닌 과실범의 경우는 집행유예도 드물지 않습니다. 상해치사는 고의와 과실의 결합범입니다. 사람에게 상해를 가한다는 고의는 있지만 사망의 결과는 의도하지 않았다는 의미입니다. 피해자 측에 상당한 피해회복을 해주고 사죄를 하고 용서를 받은 경우는 아마 집행유예가 더 많을 것 같습니다. 그 이유는 역시 살해의 고의범이 아니라 과실범이고, 또 우발적인 것이라 보는 것이겠죠.

검찰에서 처음부터 살인으로 기소했다면 실제 양형에서 집행유예가 좀 더 어려울 수 있습니다. 그러나 이 경우 상해치사로만 인정되고 살인은 무죄가 될 가능성이 있습니다. 살인은 고의범이기 때문에 살인의 고의까지 인정되어야 하는데 이게 만만치 않기 때문입니다. 그래서 검찰도 상해치사로 기소하는 것입니다.

참고로 고의냐 과실이냐는 상당히 애매한 개념입니다. 사람의 의사를 따지는 주관적 구성요건이기 때문입니다. 미필적 고의라는 개념이 있어요. 미필적 고의는 행위의 결과를 적극적으로 의도하진 않았지만 그런 결과를 예견하고 이를 용인했을 경우 성립합니다. 예를 들면, 아파트에서 돌을 던질 때 '지나가다가 누가 맞으면 안 되는데'라고 생각하면 과실, '누군가 맞아도 어쩔 수 없지'라고 생각하면 미필적 고의라 보는 것입니다.

상해치사 범죄에서는 폭행의 정도가 심하거나 흉기를 사용한 경우에 미필적 고의 살인으로 기소할 수 있습니다. 그러나 그 정도에 이르지 않는 경우는 대체로 상해치사로 기소합니다. 예로 드신 두 사안은 미필적 고의로 보기 어렵다고 판단해서 상해치사로만 기소한 것으로 보입니다.

물론 그렇다 하더라도 폭력이 원인이 되어 사람이 사망한 경우, 이런 양형이 적절한가에 대한 의문은 당연하고 마땅합니다. 그래서 재판부에 따라 합의 여부에도 불구하고 실형을 선고하는 경우도 있습니다. 저도 상해치사에서 합의하고 유족들이 선처를 호소했음에도 실형을 선고한 경우가 있습니다.

- 판결문을 살펴보다 보니 판사의 성인지 감수성에 따라 양형에 차이가 나는 게 아니냐는 문제의식을 갖게 되었습니다. 대부분의 살인 사건도 그렇겠지만, 교제살인은 목격자가 없는 경우가 많았습니다. 저희가 조사한 바로는 108건 중 95건이 가해자와 피해자 단 두 사람만 있는 상태에서 발생했습니다. 따라서 가해자의 '격분'을 어떻게 해석하느냐가 양형에서 중요한 요소인 것 같습니다. 판사의 성인지 감수성에 따라 양형이 차이 난다면, 이는 꼭 변화가 필요하지 않을까 하는 생각도 들었습니다.

이해를 돕기 위해 '극과 극'으로 보이는 사례를 말씀드리겠습니다. 남자가 여자의 얼굴과 온몸을 수회 구타하고, 커피포트와 선풍기 등을 던져 사망하게 했습니다. 재판부는 상해치사 혐의로 남자에게 징역 8년을 선고했습니다. 이 사건에서 재판부가 "피해자는 극심한 고통과 공포에 시달렸을 것으로 보인다"며 "양형기준을 벗어나 형을 정한다"고 판시한 대목이 인상적이었습니다.

다른 사건에서는 남성이 여성을 24회 이상 찔러 살해했습니다. 재판부는 남성이 "제약회사에 입사해 성실하게 직장 생활을 했고, 피해자가 다른 남자를 만나면서 거짓말을 했고, 피고인을 무시하는 태도까지 보였다"며 남자가 '격분'한 이유를 유리한 정상으로 나열했습니다. 이 사건 역시 재판부가 징역

8년을 선고했습니다. 이 같은 차이를 어떻게 봐야 할까요?

성인지 감수성처럼, 범죄 자체나 범죄 피해자 및 사회적 의미에 대한 판사의 감응 정도에 따라 양형의 차이가 나는 건 당연합니다. 그 편차가 납득할 수준 이내여야 하는데, 그렇지 못한 경우가 많습니다. 양형 편차의 문제는 아주 오래된 논쟁거리입니다. 양형기준 제도가 시행되면서 예전에 비해 양형 편차가 많이 줄었지만 양형기준안이 제시하는 양형의 폭이 상당히 넓고 또 양형기준에 절대적 강제력이 있는 건 아니므로 여전히 양형 편차가 제법 있습니다.

재판부가 여러 개 있을 경우에는 어느 부에 배당되느냐가 피고인에게는 초미의 관심사입니다. 형사 합의재판부는 법원 규모에 따라 1개만 있는 경우도 많지만 형사 단독재판부는 대부분 복수입니다. 그래서 경우에 따라 형을 낮게 주는 재판부를 찾아다니는 재판부 쇼핑도 벌어집니다. 예전 국민참여재판 초창기에는 참여재판 전담부를 뒀는데, 형을 세게 선고하는 재판부에 배당되면 일단 참여재판을 신청해서 형을 낮게 선고하는 재판부로 갈아탄 후 참여재판 신청을 철회하는 경우도 있었습니다. 이런 연유로 전담부를 폐지했죠. 또 요즘은 연고 재판부(재판부와 변호인 등 재판 당사자 사이에 연고 관계가 있는 경우)에 배당하지 않는 법원이 많은데, 만약 그 재판부를 피하고 싶다면 일부러 연고 있는 변호사를 선임해 해당 재판부를 기피하기도 합니다.

개인적으로, 우리나라같이 혈연, 지연, 학연으로 촘촘히 얽힌 사회에서는 연고 재판부에 배당하지 않는 제도는 적절치 않아 보입니다. 오로지 판사가 양심에 따라, 오해받지 않도록 조심하면서 판단하면 되는 것이죠. 결국 핵심은, 판사들이 양형에 더욱 신경 써서, 납득하기 어려운 편차가 생기지 않게 하는 것입니다. 그 과정에서 범행의 심각성, 범죄의 사회적 의미, 피해자의 고통과 피해회복 등에 대해 판사들이 진지하게 고민해야 합니다.

우리는 그동안 108건의 판결문을 분석하는 과정에서 느꼈던 문제의식을 다시 한번 정리해봤다. 교제살인 피해자는 범행에 매우 취약한 상태였다. 따라서 양형기준에 있는 '범행에 취약한 피해자'에 교제폭력 피해자를 추가한다면 판사들 사이의 양형 편차를 줄일 수 있겠다는 생각이 들었다. 또한 교제살인이 벌어지기 전에 발생한 동일 피해자에 대한 폭력이나 처벌불원(피해자가 가해자 처벌을 원하지 않음) 사실을 재판부가 인지했을 경우 이를 가중처벌할 수 있도록 한다면 가해자에 대

한 처벌이 강화되는 효과로 이어질 수 있을 것 같았다.

결국 우리는 양형기준 개정이 필요하다는 결론에 도달했다. 우리는 양형위원회에 서면질의서를 발송했다. 교제폭력 또는 교제살인에 대한 양형기준을 새로 마련해야 한다는 제안을 하면서, 이와 같은 의견을 검토할 의사가 있는지 물었다. 며칠 후 답장이 도착했다.

> 양형위원회는 13인의 양형위원으로 구성된 의결기관으로, 양형기준의 설정·수정은 양형위원회의 의결사항입니다. 귀 기관이 주신 의견은 양형위원회에 보고될 예정이나 주신 의견을 받아들여 양형기준을 수정할지 여부는 양형위원회 회의에서 결정될 것입니다.

양형위원회 회의는 1년에 여덟 번 열린다. 정식으로 보고할 계획이라는 답변이 반가웠다. 양형위원회 관계자는 "굉장히 공감이 가는 의견이었다"면서도 "회의에 보고는 하겠지만 그에 대한 논의가 실제로 이뤄질지 여부는 위원들이 판단할 몫"이라고 했다. 양형위원회는 우리의 의견을 어떻게 판단할까? 우리는 앞서 인터뷰를 나눴던 부장판사에게 다시 이메일을 띄웠다. 우리의 제안이 현실적인지, 우리가 더 고민해야 할 문제는 무엇인지 듣고 싶었다.

답변은 한참 후에야 도착했다. 고민이 깊었던 듯했다. 우리의 제안 내용에 대해 어느 부분은 긍정했고, 어느 부분은 "현실성이 낮아 보인다"고 솔직하게 답변했다. 그리고 무엇보다 그 역시 분노하고 있음을 느낄 수 있었다.

― 구체적으로, 현행 살인 및 폭력 양형기준의 '양형인자의 정의'에 따르면 "신체 또는 정신장애, 연령 등으로 인하여 범행에 취약하였고, 피고인이 이러한 사정을 알았거나 알 수 있었던 경우" 등을 범행에 취약한 피해자로 정의하고 있습니다. 교제 관계나 부부 관계에서 발생한 범죄의 피해자 역시 이 내용에 부합한다고 저희는 생각합니다. 어디에 사는지, 어디서 일하는지, 누구와 친한지 등을 모두 알고 있는 상대 남성으로부터 벗어나는 것이 대단히 어렵다는 것을 판결문을 통해 확인했습니다. 108개의 사건 중 76건(70.4%)이 피해자의 거주지나 그 근처 또는 차량 안에서 일어났습니다. 가장 안전하다고 믿었을 장소에서 이렇게 많은 여성이 살해당했다는 것은 그들이 그만큼 범죄에 취약하다는 사실을 보여줍니다. 그래서 저희는 '범행에 취약한 피해자'에 교제 관계나 부부 관계에서 발생한 범죄의 피해자도 포함되어야 한다고

생각합니다.

살인죄에 관한 양형기준은 동기에 따라 다섯 유형(참작, 보통, 비난, 중대범죄 결합, 극단적 인명경시)으로 나누고, 각 동기마다 감경, 기본, 가중으로 구분해서 형종과 형량을 규정합니다. 또 행위와 행위자에 따른 각 특별양형인자와 일반양형인자를 규정하여 감경 혹은 가중요소로 삼고 있으며, 지적하신 것처럼 '취약 피해자'는 "범행 당시 피해자가 신체 또는 정신장애, 연령 등으로 인하여 범행에 취약했고, 피고인이 이러한 사정을 알았거나 알 수 있었던 경우"를 의미한다고 정의하고 있습니다. 제2유형인 보통동기 살인은 ① 원한 관계에 기인한 살인(애인의 변심 또는 관계청산 요구에 앙심을 품고 살인, 피해자로부터 인간적 무시나 멸시를 받았다고 생각하여 앙심을 품고 살인, 말다툼·몸싸움 등 시비 끝에 격분하여 살인), ② 가정불화로 인한 살인(의처증 또는 의부증, 배우자에 대한 불만 누적), ③ 채권채무 관계에서 비롯된 불만으로 인한 살인, ④ 기타로 구분하고 있습니다.

교제살인의 대부분은 제2유형인 보통동기 살인에 해당할 것으로 보입니다. 기존 양형기준에 의하면 교제살인 피해자를 범죄 취약자로 보기는 어렵습니다. 이런 상황에서 특별양형인자의 가중요소인 범죄 취약 피해자의 개념을 넓혀서 교제폭력과 교제살인에 대해서도 더 무겁게 처벌하자는 취지의 말씀으로 이해했습니다.

개인 사이의 교제, 가족이나 지인 사이의 유대 관계라는 것은 정보 노출, 접근 용이, 이로 인한 폭력에의 노출 용이 상태를 유발합니다. 또 사적 관계에 대한 외부의 관습적 시선 때문에 공권력이 쉽게 미치지 못하는 것도 분명합니다. 그 상태 자체가 폭력을 가리는 베일 혹은 스크린 기능을 함으로써 공권력을 무력화시킵니다. 그러므로 교제살인의 피해자가 범죄에 취약하다는 점에는 의문의 여지가 없습니다. 그러나 이런 이유로 이들을 양형기준의 특별가중인자인 범행 취약 피해자로 포괄적으로 묶는 것에는 다소 의문이 있습니다.

우선 논리적으로 양형기준 체계상 문제가 있어 보입니다. 5개 유형 중 제2유형(보통동기 살인)이 기본유형으로 살인죄의 대부분입니다. 즉 살인죄 중 대부분이 교제 관계나 가족, 지인 간에 발생한다는 말입니다. 그런데 이를 특별양형인자의 가중요소로 포섭한다면, 기본유형과 가중유형의 구분이 무의미해질 가능성이 높습니다.

두 번째는 양형기준 전반에 걸친 문제입니다. 범행 취약 피해자라는 양형인자는 비단 살인죄에만 국한되는 것이 아닙니다. 따라서 다른 범죄 전반의 양형기준도 손봐야 합니다. 그게 아니면, 살인죄에만 취약 피해자를 달리 규정하는 이유를 설명해야 하는데 그럴 수 있는 합리적 논거가 없습니다. 성범죄를 예로 들면, 다수 성범죄는 지인 사이에 벌어집니다. 모르는 여성을 상대로 하는 범행은 소수입니다. 따라서 교제 관계를 특별가중인자로 볼 수 없습니다.

세 번째로는 만약 여성이 교제 관계에 있는 남성을 살해했다면 이를 특별가중요소로 볼 필요는 없을 것입니다. 그런데 사실상 여성 피해자가 압도적으로 많다는 이유로 동일한 양형인자(교제 상태)를 가중요소로 본다는 점이 좀 이상합니다. 물론 교제살인이나 폭력으로부터 여성 피해자를 지금보다 더 강력하게 보호해야 한다는 목표에는 한 치 의문도 없습니다. 다만 여성을 보호하기 위해 여성을 남성보다 현저한 약자로 규정하는 것이 합당한가 하는 의문은 듭니다. 어린이나 장애인은 자기방위 능력이 현저히 떨어지므로 특별히 보호한다고 볼 수 있고 또 그렇게 봐도 의문이 없습니다. 그러나 범죄로부터 여성을 보호하고 피고인을 무겁게 처벌하려는 의도라고 하더라도 양형기준의 개념을 일괄적으로 규정하는 것은 이상해 보입니다. 사실상 피해자를 성별화해 양형 차이를 두는 것으로 비칠 여지도 있습니다.

그래서 교제 관계를 범행에 취약한 피해자의 징표로 묶는 것은 적절치 않아 보이고, 현실성도 상당히 낮아 보입니다. 오히려 제 생각에는 살인의 유형 분류에 문제가 있어 보입니다. 보통동기 살인(제2유형)과 비난동기 살인(제3유형: 보복살인, 금전·

불륜·조직이익 목적 살인, 다른 범죄 실행·범죄 발각 방지 목적 살인, 무작위 살인, 기타) 사이에 제3유형의 무작위 살인을 제외하면 확실한 구분이나 우열이 있어 보입니까? 제가 보기에는 구체적 사건에 따라 제2유형이 오히려 더 나쁜 경우도 얼마든지 있을 것 같습니다.

그러니까 제2유형 살인 중 교제살인의 유형을 좀 더 세분하고 다듬어서 제3유형으로 포섭하든가, 아니면 지금의 제2유형과 제3유형을 합쳐서 현재 제3유형의 양형으로 처벌하는 것이 바람직하지 않나 싶습니다. 개인적으로는 제2유형과 제3유형을 합치는 것이 더 필요하다고 생각합니다.

제 견해를 종합하면 이렇습니다. 불쌍하고 약한 여성이 범행에 취약한 약자이므로 같은 유형 내에서 특별히 가중해서 처벌할 것이 아니라, 애당초 교제살인을 금전 관계, 말다툼, 몸싸움과 같은 정도의 살인 유형으로 묶는 것이 부당하므로 사안에 따라 더 무거운 유형으로 분류할 여지를 둬야 한다는 것입니다. 제가 그렇게 보는 이유는 신뢰 관계를 이용한 범행이고, 교제 관계에서 지속적으로 극심한 고통을 겪었으며 그러한 사정이 피해자나 피해자의 가족들에게 훨씬 큰 고통을 주기 때문입니다. 아니면 유형은 그대로 두되 '교제 관계·신뢰 관계 이용, 지속적 폭력 행사'를 별도 가중요소로 넣는 것이 어떨까 싶습니다.

- 저희가 분석한 바로는 교제살인에 앞서 동일 피해자를 상대로 한 협박, 폭행, 감금, 살인미수 등 가해자에게 전과가 있는 경우가 적지 않았습니다. 판결문에 상습적 폭행 사실이 적시된 경우 또한 108건 중 22건(20.4%)이었습니다. 이는 교제폭력의 관계적 특수성을 반영한 결과라고 판단합니다. 따라서 교제 상대에게 과거 범행 사실이 있을 경우, 이를 가중요소로 명기해야 한다고 생각합니다. 또 피해자 108명 중 처벌불원 의사를 밝혔다가 동일 가해자에게 죽임을 당한 피해자가 6명이나 있었습니다. 처벌불원은 재판 과정에서 확인할 수 있는 객관적 사실인 만큼 과거 동일 피해자의 처벌불원이 있었던 경우 또한 가중요소로 판결에 반영되어야 한다고 생각합니다.

현재 살인죄에서는 특정강력범죄(누범) 전과만 특별가중요소로 되어 있고 이종(異種) 누범이나 누범 아닌 동종(同種) 전과는 일반양형인자로 보고 있습니다. 다른 범죄에서는 대부분 동종 누범이 특별가중요소이지만 살인죄는 그렇지 않은 것입니다.
제안하신 부분은 동일 피해자에 대한 재범은 가중해서 처벌해야 한다는 의미인데요, 동일 피해자에 대한 재범도 현행 양형기준 중 특정강력범죄(누범)인 경우에 해당할 수 있겠으나 그렇지 않을 수도 있으니 이를 별도로 가중요소로 하는 것은 의미가 있겠습니다. 좋은 발상으로 보입니다. 다만 역시 왜 (교제)살인죄만 이렇게 규정해야 하는가 하는 의문 내지 양형기준 규정의 기술적 문제는 있을 것 같습니다.

- 양형위원회는 디지털 성범죄 양형기준을 마련하는 과정에서 아동·청소년의 처벌불원을 일반감경인자로 낮췄습니다. 범행에 극도로 취약한 피해자 입장에서는 가해자의 보복을 걱정할 수밖에 없습니다. 경제적 공유 관계로 인해 할 수 없이 처벌불원을 선택하는 경우도 적지 않습니다. 이런 관계적 특수성을 반영해야 합니다. 피해자의 처벌불원을 일반감경인자로 낮춰서 감형에 반영되는 정도를 줄여야 한다고 생각합니다.

교제살인만을 상정한다면, 당사자 본인의 합의는 있을 수 없죠. 유족과 이루어지는 것이니까요. 교제폭력까지 넓힌다면 본인의 처벌불원도 있겠죠. 교제 관계 내 피해자를 디지털 성범죄 대상자가 된 아동·청소년과 같다고 보기는 어렵지 않을까요. 성범죄에서 아동·청소년 피해자는 대부분 미성년자이고, 보호자인 부모에게 문제가 있는 경우가 많으며, 피해자 본인의 의사보다 보호자의 입김이 작용하기 쉬워서, 판사의 재량을 최대한 막고 엄벌로 갈 수 있도록 양형기준에서 합의의 가치를 떨어뜨렸다고 생각됩니다.

교제살인 혹은 교제폭력의 경우는 성인이라서 아무래도 자유의지가 더 있다고 봐야겠죠. 다만 교제폭력의 경우 계속 동거할 상황이면 합의 의사가 왜곡될 가능성이 클 것입니다. 일률적으로 합의의 가치를 일반감경인자로 떨어뜨릴 것이 아니라 구체적으로 합의의 진정한 의사, 실질적인 피해회복, 진지한 반성 및 사죄, 재범 가능성 등을 판사가 잘 따져서 처벌불원의 가치를 판단하는 것이 맞지 않을까 싶습니다.

교제살인에 있어 최대한 피해자를 보호하고, 피고인을 엄벌해야 한다는 문제의식을 갖고 있다면 어떻게든 법이나 양형기준을 상향하고 성문화하는 방향으로 가야 할 것입니다. 당연합니다. 다만 그 방향이 피해자나 유족이 원하는 방향과 반드시 일치하지 않는다는 점이 현장 실무가들이 가장 고민하는 지점입니다. 합의의 양형가치를 떨어뜨리면, 금전적인 피해회복이 물 건너갈 가능성이 굉장히 높습니다. 범죄 피해자들은 경제적으로 궁박한 사람들이 대다수입니다. 피고인들도 그런 사람이 많습니다. 합의하면 형이 많이 감경될 수 있다는 기대 속에서 있는 돈 없는 돈 만들어 합의를 시도하는데, 합의해봐야 중형이고 형벌도 거기서 거기라면 합의를 포기하겠죠. 실제 그렇습니다.

결국 중범죄 피해자에 대해 국가가 상당 정도 피해 보상을 해 줄 수 없는 상황에서 무엇이 최선일까요? 참 어려운 문제입니다. 엄벌로 정의를 바로 세우는 일도 중요하지만, 무엇이 정말 피해자를 위하는 길인지 모색하는 것을 소홀히 할 수는 없지 않을까요. 이런 맥락에서 항상 중범죄 피해자에 대한 국가의 보호정책이 함께 논의되어야 할 필요가 있습니다. 어떻게 보면, 중범죄를 막지 못한 국가에게도 일정 부분 책임이 있다고 볼 수 있는데, 책임 있는 국가가 개인(피고인)을 단죄할 뿐 아니라 피해회복 의무도 모두 개인에게 전가한다고 볼 여지도 있지 않을까요.

- 최소한 열흘에 한 명의 여성이 교제 상대에게 죽임을 당하고 있는 것이 현실입니다. 이런 현실을 감안하면 앞서 저희가 질문드린 부분이 조속히 살인 사건 양형기준에 반영되어야 한다고 생각합니다.

동의합니다. 교제살인, 교제폭력과 관련하여 지금의 양형기준을 손볼 필요가 있다고 생각됩니다. 단 교제살인, 교제폭력은 디지털 성범죄같이 전혀 새로운 영역이 아니라는 점에서 양형기준으로 해결하는 데 한계가 있어 보입니다. 양형기준으로 형을 대폭 올리기는 어려운 면이 있다고 말씀드렸는데요,

차라리 입법으로 해결하는 게 타당해 보이지만 이 역시 한계가 있어 보입니다. 교제살인, 교제폭력이 유독 다른 유형의 살인이나 폭력과 확연히 구분될 수 있는가 하는 문제입니다. 즉 입법은 이를 사전에 방지하는 쪽에 초점이 맞춰질 것이고, 이 유형의 범죄에 대해서만 콕 집어서 형벌을 대폭 상향하기는 어려울 겁니다.

저는 무엇보다 판사들의 성인지 감수성, 폭력 감수성, 교제관계 범죄 감수성, 양형 감각이 가장 큰 문제로 보입니다. 교제살인 판결에서 피고인에 대한 유리한 정상을 기술한 부분은 정말 못마땅합니다. 피해자의 부도덕함이 어떻게 피고인에게 유리한 정상이 될 수 있습니까. 피해자의 행실이 좋지 못하면 죽어도 되는 겁니까. 그것은 그저 범행의 강력한 동기에 불과합니다. 전형적으로 가해자에게 감정이입한 판결입니다.

이처럼 남성 중심적이고 가부장적인 관점에서 나온 판결이 무수히 많습니다. 피해자 탓을 하며 감경해주고 있죠. 성범죄뿐 아니라 유독 여성 관련 범죄에서 피해자다움이 많이 등장합니다. 가해자는 평범한 직장인, 학생, 유대 관계가 분명한 남성인데, 이상한 여성을 만나 불행하게도 살인에까지 이르렀다는 서사가 너무 많습니다. 말도 안 됩니다. 범행의 동기와 양형을 혼동해선 안 됩니다. 여성을 살해하든 남성을 살해하든 좋은 사람을 죽이든 나쁜 사람을 죽이든 살인은 똑같이 비난받아야 합니다. 피해자의 윤리성에 따라 형벌에 차이가 있을 수는 없습니다.

교제살인에서 흔히 유리한 양형요소로 드는 우발적 범행도 문제가 많습니다. 치밀한 계획적 살인은 흔치 않습니다. 대부분 우발적입니다. 계획살인이 가중요소이지 우발살인이 감경요소는 아닙니다. 교제살인에서 우발성은 일반 살인과 다릅니다. 흔히 말하는 우발살인은 동료들끼리 술 한잔 하다가 욱해서 칼로 찌르는 경우죠. 교제살인은 오랜 기간 지속적인 폭력과 협박, 갈등이 누적되어 분출되는 범죄입니다. 단순 우발범행이 아니라는 말입니다. 즉 교제살인의 경우 아주 치밀하게 계획한 것이 아닌 이상, 미리 범행 도구를 준비해서 죽인 것이나, 현장에서 격분해 때려죽인 것이나 무슨 차이가 있을까요. 교제살인에서 우발을 이야기하는 것은 한심한 일입니다.

비법조인, 재판의 비공식 참관인, 1년 동안 교제살인에 매달린 우리의 문제의식이 어설플지언정 틀리지 않았음을 확인했다. 이제는 바꾸어낼 차례다. 판사에 따라 벌어지는 격차를 좁혀야 했다. 공정에 반 발자국이라도 다가가야 했다. 헤어지길 원했던 여자들이 두려움 없이 이별할 수 있게 해야 했다. 살릴

수 있었다며 그녀들의 관을 붙잡을 게 아니라, 살려야 했다. 죽기 전에 그녀들을 어떡해서든 보호해야 했다. 결국 국가가 이 죽음에 개입해야 했다.

4부
지금도 여자들이 죽고 있다

'덜루스 모델'에서 찾은 희망

희망. 어떤 일을 이루거나 하기를 바란다는 뜻이다. 희망이 생겼다. 판결문을 출력한 종이에 손때가 묻고 진해질수록 교제살인이 조금이라도 줄어들면 좋겠다는 마음이 함께 커졌다. 누구라도 그럴 것이다. 고통받는 사람을 보면 도와주고 싶은 마음이 든다. 1362페이지에 달하는 판결문에는 피해 여성들의 고통이 가득 차 있었다. 어떻게 해야 이런 죽음을 조금이라도 줄일 수 있을까?

그 답은 사실 명확하다. 교제살인 피해 여성들은 주거지, 연락처, 직장, 가족, 친구 관계, 생활습관, 행동반경 등 모든 요소가 가해자에게 노출되어 있어 범행에 매우 취약할 수밖에 없었다. 그러니까 답은 '괴물'로 변한 상대로부터 여성들을 매우 강력하게 보호하는 것이다. 우리가 '덜루스(Duluth) 모델'에 주목하게 된 것도 그런 이유에서였다.

미국 미네소타주에 있는 도시 덜루스에서는 경찰로 하여금 가정폭력 가해자를 의무적으로 체포하도록 하고 있다. 피해자의 처벌불원을 이유로 경찰이나 검찰이 수사를 중지하거나 법원이 가해자를 풀어주는 일은 없다. 단순히 가해자와의 분리에 그치는 것이 아니라 피해자의 입장에서 피해자에게 필요한 지원을 제공한다. 교제폭력이나 스토킹 범죄의 경우도 마찬가지다.

가정폭력 개입 프로젝트

이 모델이 처음 만들어진 때는 1980년이다. 당시 가정폭력 피해자들은 폭행을 당해도 경찰의 도움을 거의 받지 못했다. 경찰이 폭력을 직접 보지 못했거나 피해자가 입은 피해가 심각하지 않다고 판단하면 가해자는 거의 체포되지 않았다. "여자가 일단 맞아야 경찰이 그 여자를 지킬 수 있다"는 조주은 경찰청 여성안전기획관의 말이 떠오르는 대목이다. 이런 상황에 균열을 일으킨 것은 두 명의 여성 활동가였다.

당시 미국에서는 일반 형사 사건의 경우 의무체포제를 적용하고 있었다. 의무체포는 경찰이 범행을 직접 목격하지 못했다고 해도 범행 사실이 있었다고 믿을 만한 상당한 이유가 있으면 체포를 집행할 수 있도록 한 제도다. 셜리 오버그(Shirley Oberg)와 엘런 펜스(Ellen Pence, 2012년 사망)는 이 제도를 가정폭력에도 적용할 수 있다고 판단했다. 그리고 자신들의 생각을 객관적으로 입증하기 위해 6개월간의 실험 연구 프로젝트인 '가정폭력 개입 프로젝트(Domestic Abuse Intervention Project)'를 기획했다. 함께 연구할 사람들을 찾고 그에 필요한 돈을 모았다. 가정폭력 피해자와 가해자를 만났다. 경찰, 보호관찰관, 법원 관계자 등을 만나서 그들의 견해를 수집했다. 그리고 2년 후 프로젝트 참여자들은 '가정폭력 의무체포제'를 제안했고 경찰과 법원 등 지역사회가 이를 받아들임으로써 오늘의 '덜루스 모델'이 만들어졌다.

현재 미국 덜루스에서 피해자에게 폭력을 휘두른 가해자는 72시간 동안 구속된다. 피해자로 하여금 두려움이 들게 하는 언어적·정신적 폭력을 가한 경우에도 가해자는 구속된다. "신고할 테면 해봐라. 죽여버리겠다"고 했던 그 남자, "너는 보이면 진짜 간다"고 협박했던 그 남자, "완전 망가뜨린다"고 문자를 보냈던 그 남자들이 만약 덜루스에 있었다면 모두 즉시 체포되었을 것이다. 현관문 자물쇠를 파손하거나 방범창을 뜯고 집 안으로 침입했는데도 경찰서에서 조사만 받고 풀려났던 그 남자들 역시 마찬가지였을 것이다. 그 남자들에게 끝내 죽임을 당한 여자들이 덜루스에 있었다면 지금 살아 있을 것이 분명하다. 가해자와 피해자 간의 강력한 분리가 왜 필요한지를 명백하게 보여주고 있는 것이다.

의무체포와 위험성 평가

피해 여성에 대한 '덜루스 모델'의 강력한 보호는 '의무체포'만이 아니다. 가해자에 대한 강력한 수사가 이어진다. 우선 과거에 피해자에 대한 폭력 사실이 있었는지, 가해자의 폭력으로 피해자가 신고한 일이 있었는지 확인한다. 가해자의 음주 관련 이력도 조사 대상이다. 경찰이 직접 피해 상황을 목격하지 못했다 하더라도 온라인 메신저나 휴대폰을 이용해 피해자에게 위협을 가한 전례가 있다면 증거로 채택된다. 동일 피해자를 상대로 가해자가 과거에도 신체적·언어적·정신적 폭력을 저지르지 않았는지 모두 조사한다. '의무체포'가 이뤄진 해당 사건만 수사하고 종결하는 것이 아니라 전후관계를 총체적으로 조사해서 해당 사건이 피해자에게 어느 정도 위험한지를 파악하는 것이다. 이것이 덜루스 경찰이 실시하는 '위험성 평가'다. 위험성 평가 기록은 지역 검사와 법원에 제출된다. 검사와 판사도 '하나의 사건'이 아닌 사건이 일어나기까지의 전체 맥락을 법적 판단 근거로 사용한다는 뜻이다.

그래서 덜루스의 피해자에 대한 접근금지 명령은 우리나라와는 완전히 다른 형태로 작동한다. 교제폭력의 경우 경찰이나 검사가 가해자에게 접근금지 명령을 내릴 수 있는 법적 근거가 현재 우리나라에는 없다. 따라서 피해자가 택할 수 있는 방법은 민사소송을 통해 접근금지가처분 신청을 내고 법원의 판단을 기다리는 것이다. 반면 덜루스의 경우는 피해자 개인이 아니라 검사가 접근금지 명령을 판사에게 요청하는 구조다. 접근금지 명령을 원하지 않는다면 피해자가 직접 판사에게 신청해야 한다. 피해자 보호에 있어서는 공적 결정이 우선이란 점을 명확히 하고 있는 셈이다. 피해자 보호를 개인의 결정에 맡기는 우리나라 현실과는 극명하게 대비된다.

덜루스 모델에 의한 피해자 지원 역시 종합적이다. 피해자를 위한 쉼터인 세이프 헤이븐(Safe Haven)은 경찰, 수사관, 변호인 등 사건 관계자는 물론 가해자와의 소통 과정에도 개입한다. 증거 수집이나 법원 심의 과정에서는 법적인 조력을 제공한다. 그뿐 아니라 피해자를 돕기 위해 주거, 교육, 고용, 보육 등에 대한 지원도 함께 이뤄진다. 저렴하게 살 수 있는 곳을 소개해주고, 몰라서 이용하지 못한 공공혜택이 없는지 확인해준다. 피해자가 학업에 뜻이 있다면 장학금을 알아봐주고, 취업에 뜻이 있다면 면접 때 입을 옷을 빌려준다. 쉼터에는 미용실, 건강상담실, 심리상담실 등이 갖춰져 있다. 피해자의 독립을 돕는 것이 곧 피해자를 강력하게 보호하는 것이라는 철학이 담겨 있는 셈이다.

이와 같은 덜루스의 피해자에 대한 강력한 보호는 결국 가해자의 재범률을 큰 폭으로 낮추는 결과로 이어진다. 가해자 10

명 중 7명이 8년 이상 가정폭력을 다시 저지르지 않았다고 한다. 덜루스에서 가해자는 감옥에 가기 싫다면 스스로 달라져야 한다. 가해자가 초범인 경우 기소 여부에 대한 최종 결정을 1년간 유예할 수 있는데, 단서가 따라붙는다. 법원이 명령한 가해자 재교육을 성실히 이행해야 한다. 1년 동안 가해자를 관찰한 보호관찰관의 평가가 좋아야 한다. 한국에서는 피해자가 빠져나갈 곳을 찾기 어렵지만, 미국 덜루스에서는 가해자가 빠져나갈 곳을 찾기 어려운 것이다. 상식적인 세상이란 이런 곳이 아닐까.

강력한 피해자 보호

물론 세상은 좋아지기도 하고 나빠지기도 한다. 국가권력의 변화와 특히 맞물려 있는 문제다. 덜루스의 경우도 마찬가지였을 것이다. 지역 권력의 변화에 따라 '의무체포'나 '위험성 평가'와 같은 제도는 언제든 후퇴하거나 아예 사라질 수도 있었다. 그런데 덜루스의 강력한 여성 보호 체계는 어떻게 40년이 넘도록 지속 가능했을까?

덜루스 모델을 견학하기 위해 직접 현장을 방문했던 조주은 경찰청 여성안전기획관의 소감에 그 답이 담겨 있다.

한국은 경찰조서 내용을 피해자 외에는 알 수 없는데 둘루스(덜루스)는 민간단체가 수사·사법 시스템 관계자들과 가정폭력 위험성 조사를 함께 분석할 수 있도록 시스템을 만들었다. 검찰, 보호관찰관, 법원 등에 공개되고 피해자 보호에 중요한 판단 근거가 되기 때문에 경찰조서에 피해자의 경험과 맥락을 담는 것을 굉장히 중요하게 여긴다. 데이트폭력(교제폭력)이나 스토킹에도 이 같은 시스템은 그대로 적용된다.
— 조주은, 한국여성의전화, 〈미국 '둘루스 모델' 현장연구 보고서〉, 2017년

경찰 수사 기록을 함께 분석하고 제공하는 시스템의 중심에는 DAIP(Domestic Abuse Intervention Programs, 가정폭력 개입 프로그램)가 있다. 40년 전 셜리 오버그와 엘런 펜스가 처음 만들었던 프로젝트를 계승한 단체다. 한국여성의전화의 〈미국 '둘루스 모델' 현장연구 보고서〉에 따르면 DAIP는 덜루스 경찰의 '위험성 평가' 기록을 매일 취합하고 분석한다. 그리고 분석 결과를 피해자 지원단체, 쉼터, 검사, 보호관찰관 등에 제공한다. 이렇게 함으로써 사전에 약속된 대로 경찰이 피해자를 강력하게 보호하는지 감시할 수 있다. 또한 사건 현장의 다양한 상황을 제도적으로 반영하여 시스템을 계속 '업그레이드'할 수 있다.

덜루스의 피해자 보호 모델은 이처럼 강력하다. 72시간 '의무

체포'로 가해자와 피해자를 확실하게 분리하고, '위험성 평가'를 통해 사건의 전후 맥락을 파악함으로써 피해자의 목소리를 기소와 재판 과정에서 확실히 반영한다. 피해자에 대한 지원은 '삶'에 초점을 맞춰 종합적으로 이뤄진다. 그리고 이 모든 과정에 DAIP가 개입함으로써 시스템을 유지하고 발전시킨다. 경찰에게만 가해자 수사와 피해자 보호를 맡겨놓지 않는다. 피해자를 더 강력하게 보호하기 위해서.

> 위기 상황에서 피해자 개인에게 전가되기 쉬운 안전에 대한 책임과 부담을 지역사회와 정부로 이동시켜야 한다는 문제의식은 초기부터 현재까지 둘루스(덜루스) 모델에서 변함없이 관철되고 있는 철학적 기반이자 원칙이다. 둘루스 모델은 피해자의 안전에 대한 책임을 피해자 개인으로부터 지역사회 및 정부로 옮겨오겠다는 약속이다.
> — 신상숙, 한국여성의전화, 〈미국 '둘루스 모델' 현장연구 보고서〉, 2017년

"피해자의 안전에 대한 책임을 피해자 개인으로부터 지역사회 및 정부로 옮겨오겠다는 약속"은 우리나라에도 이미 존재한다. 여성폭력방지기본법 제4조에서 희망이 보였다.

113개 지자체에 묻다

'여성폭력'이란 성별에 기반한 여성에 대한 폭력으로 신체적·정신적 안녕과 안전할 수 있는 권리 등을 침해하는 행위로서 관계 법률에서 정하는 바에 따른 가정폭력, 성폭력, 성매매, 성희롱, 지속적 괴롭힘 행위와 그 밖에 친밀한 관계에 의한 폭력, 정보통신망을 이용한 폭력 등을 말한다.

현행 여성폭력방지기본법은 '여성폭력'을 이렇게 규정하고 있다. "그 밖에 친밀한 관계에 의한 폭력"이란 표현으로 교제폭력도 여성폭력방지기본법 적용 대상임을 분명히 하고 있는 셈이다. 그리고 제4조를 통해 국가와 지방자치단체의 책무를 이렇게 밝히고 있다.

국가와 지방자치단체는 여성폭력 방지 및 피해자 보호·지원 등을 위하여 필요한 종합적인 시책을 수립·시행하여야 한다. (또한) 여성폭력 방지 및 피해자 보호·지원 등을 위하여 필요한 법적, 제도적 장치를 마련하고 이에 필요한 재원을 마련하여야 한다.

"피해자의 안전에 대한 책임을 지역사회 및 정부로 옮겨오겠다"는 덜루스의 약속과 같은 내용이다. 이처럼 여성폭력방지기본법은 교제폭력 방지와 교제폭력 피해자에 대한 강력한 보호를 위해 지자체가 적극적으로 나설 수 있는 법적 근거를 분명히 제공하고 있다. 또한 우리나라 각 지역에는 덜루스 모델처럼 네트워크 조직이 가능한 인적 자원도 이미 존재한다. 지역에서는 여성긴급전화 1366, 해바라기센터를 비롯하여 민간 피해자 지원단체가 활발히 활동하고 있다. 2021년 2월, 우리는 교제폭력 고위험군에 대한 집중적인 관리 체계를 만들 필요가 있다는 내용의 의견서를 발송했다.

오마이뉴스 독립편집부입니다. 저희는 2020년 오마이뉴스 특별기획 〈교제살인〉을 보도한 바 있습니다. 교제 상대의 폭력으로 죽음에 이른 여성이 2016년부터 2018년까지 최소한 108명이라는 사실을 보도했으며, 그 과정에서 열흘에 한 명꼴로 이런 비극적인 죽음이 반복되는 현실을 바꿔야 한다는 문제의식을 갖게 되었습니다. (중략) 2016년부터 2018년까지 교제살인 판결문 총 1362페이지를 분석했습니다. 그 결과 희생자 중 경찰에 신고한 후 3개월 안에 살해당한 피해자가 12명이었고, 또한 동일 피해자에 대한 선행 범죄로 형사 입건된 경우가 19건이나 있었다는 사실을 확인했습니다. 이러한 '살인의 전조'를 국민의 생명을 보호해야 할 공권력이 분명히 인지했다고 볼 수 있는 사례들입니다.

여성폭력방지기본법 제4조 1항은 여성폭력 방지 및 피해자 보호·지원 등을 위해 필요한 종합적인 시책을 수립·시행해야 할 주체로 국가와 지방자치단체를 명시하고 있습니다. 이를 근거로 저희는 지방자치단체가 교제 상대의 협박·폭력·감금 등 위험에 노출된 여성을 보호하고 지원하는 종합적인 시스템을 구축해야 한다고 생각합니다. (하략)

우리는 덜루스 모델을 참고해서 교제폭력에 대응할 수 있는 지역 네트워크를 조직한 뒤 피해자 지원단체가 주도해 운영하도록 하면 어떻겠느냐고 물었다. 이 질문을 공문으로 작성해 17개 광역지자체와 여성친화도시로 지정된 96개 지자체에 정식으로 발송했다.

답변을 보내온 41개 지자체는 대부분 우리의 의견에 공감을 표시했다. "좋은 의견이다." "검토해보겠다." "장기적으로 검토할 뜻이 있다." 하지만 정작 '살인의 전조'가 뚜렷하게 나타난 사건들을 적극적으로 파악해 대응하겠다는 의지나 계획을 밝힌 곳은 없었다.

지자체들은 이미 피해 여성을 보호하고 지원하는 네트워크를 가동하고 있다는 점을 강조했다. 그 예로 많이 든 것이 여성긴급전화 1366이다. "1366이 긴급 상황에 처한 피해자에 대한 위기 개입 및 긴급 구조를 위해 11개 기관과 네트워크를 구축하고 있다"거나 "다양한 형태의 여성폭력에 대응하고 피해자 지원을 위해 1366 등 긴급지원센터, 상담소 및 보호시설을 운영하고 있으며 데이트폭력(교제폭력)에 대해서도 적극 지원하고 있다"는 식이었다.

현재 1366은 전국 16개 시·도에 설치되어 있다. 1366이 접수한 상담은 해당 지역 상담소 등으로 연계되고 필요한 경우 보호시설 제공 등이 이뤄지고 있다. 이렇듯 중요한 역할을 담당하고 있지만 한계 또한 뚜렷하다. 이경하 충청남도 여성정책개발원 연구원이 500명을 대상으로 한 설문조사와 현장 기관 실무자 인터뷰를 통해 내놓은 연구보고서 〈2019 충남 데이트폭력 현황 및 대응 방안〉에 잘 나와 있다.

> 데이트폭력 피해자에게 30일간의 긴급 보호조치로 숙식은 제공되고 있으나, 긴급 피난처 및 보호시설의 여건과 환경이 데이트폭력 피해자 상황을 고려하지 못한 상황으로 대부분 1~2일 머물다 나가거나 거주지 이동을 선택하는 경우가 다

수인 것으로 파악됨.

— 이경하, 〈2019 충남 데이트폭력 현황 및 대응 방안〉

2020년 8월 경기도에서 발생한 교제살인 미수 사건 피해자가 경찰의 권고에도 불구하고 사건 이후에도 보호시설을 이용하지 않았던 것이 그 예다. 당시 피해자는 일터가 곧 집이었다. 보호시설을 이용하면 당장 생업을 중단해야 하는 난감한 상황이었다. 그 여성이 덜루스에 살았다면 상황이 많이 달라졌을 것이다. 덜루스 모델의 포인트는 여성이 원래 지내던 곳에서 안전하게 지낼 수 있도록 하는 것이다. 그럴 수 있도록 가해 남성을 체포하고 접근하지 못하도록 한다. 반면 우리나라 경찰은 그와 같은 선제적 대응을 할 수 없는 구조다. 이런 구조에서는 보호시설 운영 역시 근본적인 한계를 가질 수밖에 없다.

현장기관 상담원조차도 '데이트폭력'에 대해 정확하게 인지하지 못하고 있는 상황임을 피력함. 또한 데이트폭력 피해자를 지원하기 위한 명확한 법적 근거와 지원 체계의 부재로 인하여 성폭력 또는 가정폭력 피해자 지원 범위에 임의적으로 포함하여 지원하기도 하는 현실적인 문제를 제기함. 데이트폭력 피해자 지원 가이드라인의 많은 부분이 현장 상황과 맞지 않음에 대해 지적함. 특히 피해자의 외상이 심한 경우의 상황만을 초점으로 구성된 매뉴얼은 성폭력 또는 신체적 폭력이 없어도 직장이나 학교에 못 가거나 일상생활의 어려움이 있는 경우가 많은 데이트폭력 피해자에게 적합하지 않다고 토로함.

— 이경하, 〈2019 충남 데이트폭력 현황 및 대응 방안〉

이 보고서의 결론은 "광역 거점으로서 1366센터 역할을 재정립하고 기관과 연계 기능을 강화하는 것이 우선적으로 필요하다"는 것이다. 현재의 1366 네트워크로는 교제폭력 피해자를 강력하게 보호할 수 없기 때문이다.

여성폭력의 예방·방지 및 피해자 보호정책을 추진하고 지역주민의 자발적 참여를 통한 피해자의 복합적 욕구 충족을 위하여 아동·여성보호지역연대를 설치·운영한다.

— ○○시 여성폭력방지와 피해자 보호 및 지원에 관한 조례 제5조

아동·여성보호지역연대는 지자체들이 적극적으로 소개한 또 하나의 지역 네트워크 조직이다.

현재 여성폭력예방협력체계(아동·여성안전지역연대)를 구축·

운영 중에 있습니다. 부구청장(위원장)을 중심으로 경찰서, 여성폭력 피해자 지원 시설장, 1366 지역 센터장 등이 위원으로 소속되어 있으며, 매년 운영위원회와 실무사례회의를 통해 지역 내 여성폭력 예방기관 간 자원과 정보 교류를 통한 실질적인 여성폭력 예방을 위해 노력하고 있습니다.

A 지자체가 보내온 답변이다. 그런데 해당 지자체의 '아동··여성안전지역연대 설치 및 운영 조례'를 살펴보면 이 노력이 과연 실질적인 효과가 있을 것인지 의문이 든다. 운영위원회 회의는 연 1회 이상, 실무사례협의회 회의는 연 2회 이상 개최한다고 명시하고 있다. 위원장이 필요하다고 인정하는 때 또는 운영위원 3분의 1 이상의 요구가 있을 때 소집할 수 있다고 하지만 1년에 세 차례 정도의 회의로 교제폭력 피해 여성을 실질적으로 보호할 수 있을까? 우리는 그럴 수 없다고 판단했다. 다른 지자체의 답변에 이미 그 한계가 드러나 있었다. B 지자체는 "지역 여성폭력 민관 네트워크 조직이 이미 구성되어 있음에도 불구하고 업무나 신규 사업을 만들어 운영하는 것에는 한계가 있다"면서 괄호를 이용해 이렇게 덧붙였다. "(주요 기능은 회의입니다.)"

우리가 기대했던 것은 회의체가 아니었다. 우리가 원했던 것은 교제살인 위험성이 높은 사례를 집중적으로 관리하고 신속하게 대응하는 새로운 '사업체'였다. 그런 사업을 할 수 없는 네트워크로는 교제살인 피해자를 줄일 수 없다.

2014년 10월 23일, 미국 미네소타주 덜루스 지역 신문에 한 장의 사진이 실렸다. 이제는 미국 대통령이 된 조 바이든 당시 부통령의 덜루스 방문 소식을 전하고 있었다. 사진에서 바이든은 옆에 서 있는 여성을 바라보며 웃고 있었다. 덜루스 모델을 처음 만든 두 사람 중 하나인 셜리 오버그였다. 상원의원 시절인 1990년 7월 여성폭력방지법 제정을 처음으로 제안한 바이든은 연설을 통해 "가정폭력 문제를 해결하려고 노력하면서 덜루스 모델을 처음 접했었다"면서 이렇게 말했다.

"지역사회는 절대 용납할 수 없는 이 범죄에 대해 경각심을 가져야 합니다."

최소한 열흘에 한 명이 교제살인을 당하고 있다. 그런데도 정신을 차리지 않는다면 대체 어느 정도의 죽음이 더 있어야 하는 것일까? '생각'만으로는 '살인의 전조'에 노출되어 있는 교제폭력 피해 여성을 강력하게 보호할 수 없다. 우리나라 지자체에 필요한 것은 '의지'다. 생각(mind)과 의지(will)는 다르다.

국회의 직무유기

그래도 생각의 깊이가 다른 지자체들이 있었다. 여성친화도시로 지정된 대전광역시 대덕구의 경우는 "서로 사이좋게 잘 어울리기 위해서는 우선 생존이 전제되어야 한다"는 문제의식에 깊이 공감한 것으로 보였다. 경상남도는 여성폭력과 관련한 최근 입법 상황을 정확히 파악하고 있었다.

> 여성폭력 방지 및 피해자 보호를 위한 국가와 지방자치단체의 역할이 중요하고, 시스템 구축에 대한 필요성을 매우 공감하고 있어 충분히 검토하고자 합니다. 다만 정부와 광역자치단체의 적극적인 지원과 실질적인 전담기구로서 역할을 할 수 있도록 제도적 장치의 마련이 필요하다고 생각합니다. 자치구인 대덕구 입장에서는 관련 전문 인력 증원 및 재정 여건 등의 문제가 있습니다. 그러나 대덕구는 '2기 여성친화도시'로 지정된 곳이기 때문에 '여성이 안전한 도시'를 만들기 위해 적극 검토하고 시행할 것입니다. 그리고 여성폭력

근절을 위한 제도적 장치 마련과 전담 기구 설치 등 모든 과정에 함께할 것입니다.

- 대전광역시 대덕구

교제폭력의 경우 2018년 12월 24일 제정된 '여성폭력방지 기본법'에서부터 '여성폭력' 범주에 포함되었으나, 현재까지 피해자 지원을 위한 네트워크 구축 및 구체적인 지원 내용을 반영한 개별 법령이 없는 상황입니다. 윤영석 의원이 2020년 11월 11일, 데이트폭력 등 방지 및 피해자보호 등에 관한 법률안을, 권인숙 의원이 2021년 1월 11일에 가정폭력의 정의에 교제관계를 신설하는 가정폭력범죄의 처벌 등에 관한 특례법 일부개정안을 각각 발의한 상태입니다. 현재의 여성폭력 피해자 지원 시스템을 최대한 활용하여 교제폭력 피해자에 대한 지원을 하고, 관련법 제정·시행 후 법에서 정하는 바에 따라 별도의 네트워크 전담 조직 구성 등을 해나가도록 하겠습니다.

- 경상남도

경기도 용인시의 문제 인식은 좀 더 깊었다. 용인시는 "교제폭력에 대응할 수 있는 지역 네트워크를 조직해서 피해자 지원 단체가 운영하도록 하면 어떻겠느냐"는 질문에 "현실적으로 지자체가 교제살인에 대해 개별 대책을 세우기는 어렵다"면서도 "경찰 접수 단계에서 사건을 가볍게 판단하지 못하게 하는 거름 장치를 만드는 것과 명시적인 보호 방안, 개인정보 제공 동의를 받아 기관 간 사례를 무조건 공유할 수 있는 시스템이 만들어져야 한다"고 답변했다.

> 기초지방자치 단위의 피해자 지원단체는 인력 부족, 사업비 등의 문제가 상존하며 작은 군 단위 지역인 경우에는 피해자 지원단체조차 없는 경우가 많습니다. 피해자 지원단체는 일반적으로 성폭력 상담센터와 가정폭력 상담센터가 지역 단위로 있습니다. 현 체제에서 스토킹과 교제 관계에서 발생하는 폭력은 성폭력, 가정폭력 모두 해당하지 않는 사례가 발생할 가능성이 높습니다.
> 현재 여성폭력 피해자 지원단체는 실제 사건 발생 시 경찰에서 협조 요청이 들어오거나 피해자의 직접 지원 요구가 있기 전까지 피해자와 접촉할 방법이 없습니다. 피해자 지원단체는 피해자가 제일 필요로 하는 접근금지나 보호조치를 강제할 수 있는 법적 권한이 없기 때문에 예방교육이나 캠페인, 사건 접수 이후 심리·의료 지원 역할이 주가 됩니다.
> 현실적으로 지자체가 교제살인에 대해 개별 대책을 세우기는 어렵습니다. 국가 차원의 정책이 나와 국비 편성이 이뤄

지고 사업은 지자체에서 수행하는 방안이 합리적이지 않을까 생각됩니다. 경찰 접수 단계에서 사건을 가볍게 판단하지 못하게 하는 거름 장치를 만드는 것과, 명시적인 보호 방안, 개인정보 제공 동의를 받아 기관 간 사례를 무조건 공유할 수 있는 시스템이 만들어져야 할 것 같습니다.

- 경기도 용인시

이들 세 지자체의 답변을 요약하면 법 체계(제도)가 먼저 만들어져야 한다는 것이다. 특히 "경찰 접수 단계에서 사건을 가볍게 판단하지 못하게 하는 거름 장치"를 만든 것이 덜루스 모델이란 점을 떠올리면, 경찰과의 수사 정보 공유를 위해서는 경기도 용인시 답변대로 반드시 법이 바뀌어야 한다. 지자체의 의지만으로는 안 되는 일이다.

임기 만료 폐기

인터넷 등으로 계속해서 타인을 괴롭히는 일이 점차 늘어나는데도 경범죄로 처벌된 경우가 거의 없으며, 실제로 스토킹 관련 처벌 법규가 없기 때문에 범죄 행위의 경우 속수무책으로 피해자들이 당하고만 있는 실정입니다. 특히 스토킹은 그

> 행위의 지속성과 집요함으로 인하여 피해자의 입장에서는 정신적·신체적 피해가 막대함에도 불구하고 사회적 인식의 부족과 현행 법규정의 미비로 인하여 방치되어왔던바, 스토킹을 범죄로 규정하여 형사처벌을 하도록 규정하고 (중략) 따라서 시대적 변천에 따라 인간을 범죄로부터 보호하기 위하여 우리도 독립된 스토킹처벌특례법을 제정하여 처벌을 강화해야 할 때라고 판단합니다.
>
> — 정호선, 국회 여성특별위원회, 1999년 8월 10일

1999년 8월 10일 국회 여성특별위원회 속기록 중 일부다. 22년 전, 당시 스토킹처벌법을 공동발의한 정호선 의원의 발언이다. 여성을 폭력으로부터 보호하려는 국회의 의지가 그동안 얼마나 오랫동안 시험대에 올랐는지 보여주는 사례다. 2010년 경범죄처벌법 시행령이 개정되면서 스토킹 범죄에 8만 원의 범칙금을 부과할 수 있게 되었다. 2021년 현재 스토킹 범죄 범칙금은 10만 원이다. 10년 동안 고작 2만 원이 늘어났다. 스토킹 범죄를 처벌하려는 국가적 의지에 값어치를 매긴다면 단 2만 원이라는 말이 된다. 기가 막힌 일이다. 2020년 정부가 발의한 스토킹처벌법은 2021년 3월에야 국회 본회의를 통과했다.

데이트폭력처벌법의 경우는 어떨까? 국회에서 데이트폭력처

벌법이 처음 발의된 시기는 2016년 2월이다. 제정안에는 데이트폭력에 대한 개념 정의, 가해자와 피해자의 분리 조치 및 피해자에 대한 신변보호, 가해자에 대한 교육·상담·치료 등에 대한 내용이 담겨 있다. 법안을 발의한 박남춘 의원은 "데이트폭력이 더 이상 사랑싸움이 아닌 중대한 범죄라는 인식이 확산되길 바라며 신속한 피해자 보호와 2차 피해 예방 조치가 이뤄지길 기대한다"고 밝혔다. 하지만 19대 국회 막판, 박남춘 의원의 법안은 조용히 폐기되었다. 2016년, 교제살인으로 목숨을 잃은 여성은 최소한 38명이었다.

20대 국회가 열렸다. 2017년 8월부터 12월까지 표창원, 신보라, 박남춘, 함진규 의원 등이 잇따라 데이트폭력 관련 법안을 발의했다. 2017년 교제살인으로 목숨을 잃은 여성은 최소한 32명이었고, 관련 법안 발의가 없었던 2018년에 다시 38명의 여성이 사귀던 남성에게 목숨을 잃었다. 앞서 발의된 관련 법안들은 모두 '임기 만료 폐기'되었다. 2020년 11월 윤영석 의원이 발의한 법안은 아직 법제사법위원회에 회부되지도 않은 상태다.

외면

법안을 새로 만들지 않고 기존에 있던 법을 고쳐 가해자를 처벌하고 피해자를 보호하자는 법 개정안이 나온 적도 있었다. 2017년 8월 박광온 의원이 발의한 가정폭력처벌법 개정안이 그것이다.

> 데이트폭력은 가깝고 친밀한 관계에서 발생하기 때문에 국가권력의 개입이 쉽지 않고 다른 범죄에 비하여 피해자 보호가 제대로 되지 않으며 범행이 지속적이고 반복적으로 행해지고 있다는 점에서 피해자와 가해자의 결혼 여부의 차이만 있을 뿐 가정폭력과 기본적인 속성이 유사한 측면이 있음. 이에 따라 가정폭력의 정의에 데이트 관계를 포함하여 데이트폭력범죄에도 피해자보호제도를 적용할 수 있도록 함으로써 피해자를 더욱 두텁게 보호하려는 것임.
>
> — 가정폭력범죄의 처벌 등에 관한 특례법
> 일부개정안(박광온 의원 등 10인) 제안이유

2017년 11월 23일 국회 법제사법위원회에 202개 법안이 무더기로 상정되었다. 그중에 박광온 의원이 발의한 가정폭력처벌법 개정안이 있었다.

오전 10시 7분, 회의가 시작되었다. 특수활동비를 둘러싼 정쟁이 12시 19분에 종료될 때까지 법안 심사는 없었다. 오후 2시 43분, 회의가 속행되고 비로소 법안 심사가 시작되었다. 7개 법안이 먼저 상정되었는데 전문위원의 말을 잠깐 듣고 위원장은 토론 여부를 물었다. "없습니다"라는 답이 좌중에서 나왔다. 위원장은 가결을 선포했다. 회의에 출석한 신임 국회 사무총장에게 한 국회의원은 "국회 본관 엘리베이터를 빨리 고쳐달라"고 했다.

오후 2시 46분, 11개 법안에 대한 심사가 시작되었다. 회의에 출석한 여성가족부 장관에게 한 의원은 "웃는 모습을 보여주니까 회의하는 데 기분이 좋다"고 했다.

오후 2시 55분, 9개 법안 상정.

오후 3시 13분, 12개 법안 상정.

오후 3시 30분, 9개 법안 상정.

오후 3시 48분, 10개 법안 상정.

오후 4시 3분, 44개 법안 상정.

그리고 오후 4시 19분, 이번에는 101개 법안이 상정되었다. 박광온 의원의 가정폭력처벌법 개정안이 포함되어 있었다. 위원장은 "내용이 많아 검토보고를 서면으로 대체한다"고 했고 토론은 없었다. "안건 전부를 법안심사 제1소위원회로 회부하겠다"는 말이 전부였다. 다시 정쟁의 시간이 돌아왔다.

회의에 법원행정처장이 출석한 가운데 적폐청산 수사를 둘러싼 입씨름이 벌어졌다. 국회 법제사법위원회는 교제폭력 가해자 처벌과 피해자 보호를 위한 토론에 단 1초도 할애하지 않았다.

살릴 수 있었다

2020년 2월 우리는 표창원 당시 국회의원을 만났다. 그는 2017년 7월 데이트폭력방지법을, 같은 해 8월 데이트폭력처벌법을 각각 구분해서 발의했다. 그만큼 교제살인의 심각성을 깊이 인식하고 있는 것으로 보였다. 21대 국회의원 선거 불출마를 선언한 그였기에 더욱 묻고 싶었다. 왜 '임기 만료 폐기'라는 이유로 법이 만들어지지 않는지, 왜 법이 바뀌지 않는지.

"우리 정치는 약자의 절박한 목소리가 흡수되기 어려운 구조입니다. 강자와 다수만을 바라봐요. 정쟁이 치열하다 보니 권력을 뺏느냐 뺏기느냐에 따라 정치에 종사하는 집단의 삶과 이해가 엇갈립니다. 그러니 더욱 정쟁에 매몰됩니다. 흔히들 중점 법안이라고 하죠. 경제나 안보, 복지 법안 등 다수에 영향을 미치는 법안 말입니다. 이런 법안들은 특히 정치적으로 입장이 첨예하게 갈리기 마련입니다. 그런데 데이트폭력 방지법 같은 경우는 자신들의 유·불리에 영향을 크게 미치는 법이 아니다 보니 간과되는 거죠. 국회가 상시적으로 돌아간다면 법안이 논의되고 수정되어서 통과될 확률이 높아지겠지만 그렇지가 않잖아요. 상임위나 법안소위가 열리는 날짜는 극히 적습니다. 상황이 이렇다 보니 어쩌다 회의가 열리면 중점 법안부터 내밀고, 상대는 또 반대하고, 줄다리기하면서 타협하거나 담합을 통해 일부 법만 통과되는 거죠."

당리당략(黨利黨略). 당에 무엇이 유리한지를 두고 싸우다 보니 사람 목숨이 결국 뒷전으로 밀려난다는 이야기다. 표 의원은 안타까워했다. "법과 제도가 완비되었더라면 살릴 수 있었던 무고한 생명이 너무도 많다"고 했다. 우리가 판결문을 통해 확인한 죽음들만 108명이다. 그들 모두에게서는 그 어떠한 잘못도 찾아볼 수 없었다. 사귀던 남자에게 죽임을 당할 정도의 허물이 무엇이었는지 알 수 없었다. 사람이 사람을 죽일 만한 이유는 애초부터 없는 것이니 말이다. 그래서 표 의원의 문제의식은 가해자에게로 향한다.

"갑자기 악마가 깃들어 사람을 죽이는 게 아닙니다. 살인에 이르기 전에 스토킹이나 폭력이 있을 겁니다. 그러니까 가해자도 도와줘야 합니다. 관련 전문가나 상담기관의 도움을 받으면 가해자가 가진 근본적인 문제를 해결할 수 있어요. 그렇게 교육하고 개선할 수 있도록 도와줬는데도 피해자에 대한 폭력이 또 이뤄진다면 가중처벌을 통해 응징해야죠. 지금은 가해자에 대해 그 어떤 사회적 제재 장치나 개선 장치가 마련되어 있지 않아요. 코로나19에 감염되면 그게 걸린 사람만의 책임인가요? 그건 국가의 태도가 아니잖아요. 바이러스를 차단하고 추적해서 더 이상 감염자가 생기지 않도록 해야 합니다. 데이트폭력 사건도 마찬가지예요. 더 이상 피해자가 나오지 않도록 국가가 개입해서 추가 피해를 막아야죠. 왜 적극적으로 조치를 취하지 않는 겁니까. 그저 운에 맡기라는 건가요."

똥차. 최나눔 한국여성의전화 정책팀장이 우리에게 했던 말 중 강하게 인상에 남았던 단어였다. "교제폭력은 지뢰밭 같은 것"이라면서 그렇게 말했다. "흔히 말하는 똥차가 여성을 죽일 수도 있고, 그냥 '더러운 만남이었다'며 지나갈 수도 있는 것"이라고 했던 그의 말과 표 의원의 말이 참 닮아 있었다. 그저 운에 맡기라는 식으로, '똥차'는 알아서 피하라는 식으로 정부가 문제를 방관하지 못하도록 하는 것이 국회의 임무다.

표 의원은 그래서 "국회를 압박해야 하고, 국회의 직무유기를 따져야 한다"고 했다. 그래야 일부 국회의원들의 생각이 국회의 의지로 바뀐다는 말이었다.

현실과 다른 제도

직무유기. 어떤 일을 해결하지 않고 방치한다는 뜻이다. 여성폭력에 대한 국회의 직무유기가 어떤 수준인지는 가정폭력처벌법만 봐도 알 수 있다. 법 적용 대상이 되는 '가정 구성원'의 정의는 다음과 같다.

> 배우자(사실상 혼인관계에 있는 사람 포함) 또는 배우자였던 사람
> 자기 또는 배우자와 직계존비속관계에 있거나 있었던 사람
> 동거하는 친족
> 그리고 계부모와 자녀의 관계 또는 적모와 서자의 관계에 있었던 사람

적모(嫡母). 국어사전을 찾아봤다. 첩의 자식이 아버지와 정식으로 결혼한 부인을 부르는 말이다. 적모는 이미 1990년대 민법에서 없어졌을 정도로 현재 대한민국에서는 극히 찾아보기

어려운 가족 관계 중 하나다. 홍길동의 상황을 떠올려야 겨우 이해 가능한 관계를 법에 반영해놓고, 정작 우리 주위에서 흔히 볼 수 있는 동거 관계나 교제 관계는 법 적용 대상에서 아예 빼놓고 있는 것이다. 가정폭력의 정의에 데이트 관계를 포함하여 교제폭력도 처벌할 수 있도록 하려던 박광온 의원의 가정폭력처벌법 개정안을 국회가 외면한 상황 또한 마찬가지다. 명백한 국회의 직무유기다.

> 현재나 과거의 배우자
> 부모와 자녀
> 혈연관계에 있는 사람
> 현재나 과거의 동거인
> 결혼이나 동거 유무와 무관하게 함께 자녀를 둔 사람
> 임신한 여성과 결혼이나 동거 유무와 무관하게 태아의 부로 추정되는 남성
> 중요한 낭만적 또는 성적 관계를 맺은 사람
>
> — 미국 미네소타주 가정폭력 법규 중에서

〈미국 '둘루스 모델' 현장연구 보고서〉에 나오는 미국 미네소타주 가정폭력 법규다. 우리나라의 가정폭력처벌법과 큰 차이가 느껴진다. 현존하는 관계를 최대한 법에 반영하려는 의

지가 느껴진다. 사람 목숨을 제대로 지키고, 사람 목숨을 뺏거나 위협한 사람에게 제대로 벌을 주려면 먼저 있는 그대로의 현실을 최대한 법에 반영해야 한다. 그렇게 하라고 있는 곳이 국회다. 그렇게 하지 못해서 인명 피해가 일어났다면, 뒤늦게라도 법을 만들거나 고치려고 노력해야 하는 곳이 또한 국회다. 2019년 9월 20일 JTBC 〈뉴스룸〉의 한 대목이다.

> 앵커: 결국 선제적이고 적극적인 대책이 제도적으로 마련되어야 할 것 같네요. 우리가 참고할 만한 사례들이 있습니까?
> 기자: 우리보다 제도를 먼저 만든 나라들이 있습니다. 미국의 애리조나주입니다. 2009년 '케이티법(Kaity's Law)'이 도입되었는데, 케이티라는 여성이 전 남자친구에게 총으로 살해되었습니다. 사건 전에 경찰에 신변보호를 요청했지만, 법에 근거가 없어서 받아들여지지 않았습니다. 이 일을 계기로, 기존에 있는 '가정폭력방지법'에 연인을 포함시켜서 신변보호, 영장 없는 체포, 총기 몰수까지 가능하도록 했고, 가해자에게 가중처벌도 가능하도록 만들었습니다.

당시 17세였던 케이티가 교제살인을 당한 것은 2008년 12월의 일이다. 사건이 일어나기 전 애리조나주에서는 위험에 처한 여성이 가해자에게 접근금지를 시키려면 '성희롱 접근금지 명령(injunction against harassment)'이란 민사제도를 이용하는 수밖에 없었다. 우리나라의 접근금지가처분 제도와 비슷한 구조다. 피해자 개인에게 안전에 대한 책임이나 부담을 전가한다는 측면에서 현재 우리의 상황과 흡사했던 것이다. 하지만 애리조나주는 기존 가정폭력방지법 적용 대상을 연인 관계까지 확대하는 '케이티법'을 사건이 일어난 지 7개월여 만인 2009년 7월 통과시켰다. 그로부터 10년이 더 흘렀지만, 그동안 숱한 여성이 남성에게 죽임을 당했지만 우리나라의 가정폭력처벌법은 법 적용 대상에조차 교제 관계 등을 반영하고 있지 않다. 우리 국회의 직무유기가 어느 정도인지를 상징적으로 보여주는 차이라고 할 수 있다.

현실을 바꾸려면

2020년 12월 우리는 권인숙 더불어민주당 국회의원을 만났다. 권 의원은 오마이뉴스가 보도한 〈교제살인〉 기획보도의 취지에 공감한다며 가정폭력처벌법 개정안을 발의하겠다는 입장을 밝혔다.

> 십수 년 전부터 연인 등 친밀한 관계에서 발생하는 교제폭력

이 증가하고 있음에도, 이를 사적인 영역으로 간주하여 공권력의 개입이 이뤄지지 않아 상해, 강간, 살인 등 심각한 범죄로 확대되고 있음. 최근 한 인터넷 언론이 3년간 교제폭력 사건의 판결문을 분석한 결과에 따르면, 남성이 여성을 죽인 살인 사건이 108건에 달함.

— 가정폭력범죄의 처벌 등에 관한 특례법 일부개정안(권인숙 의원 외 9인)

제안이유, 2021년 1월 11일

2017년 8월 박광온 의원이 그랬던 것처럼, 권 의원도 법 적용 대상에 교제 관계를 포함해서 가해자와 피해자를 분리하는 임시조치 등 피해자 보호를 강화하겠다고 했다. 권 의원은 "법안이 통과된다면 경찰의 대응방식 자체가 달라지고, 교제폭력은 물론 가정폭력 논의의 수준이 달라질 것"이라고 기대했다.

우리는 권 의원에게 여성폭력방지기본법 개정도 필요하다는 의견을 제시했다. 덜루스 모델이 강력한 이유는 경찰에게만 피해자 보호를 맡겨놓지 않는다는 데 있다. 수사 기록 자체를 사건 발생 단계부터 DAIP와 공유한다. 경기도 용인시가 우리에게 보낸 답변서에서 표현한 대로 "경찰 접수 단계에서 사건을 가볍게 판단하지 못하게 하는 거름 장치"다.

이와 같은 최소한의 거름 장치가 아동복지법에는 존재한다.

아동복지법 제22조를 보면 지자체장은 해당 지역에서 발생한 아동학대 사건에 대해 경찰서장에게 관련 자료를 요청할 수 있다. 또 제27조를 통해서는 아동학대가 있었다고 의심할 만한 사유가 있을 때는 역시 지자체장에게 그 사실을 통보하도록 규정하고 있다. 우리는 이와 비슷한 규정을 여성폭력방지법에도 적용할 수 있다고 판단했다. 지자체로 하여금 여성폭력 방지 및 피해자 보호와 지원 등을 위해 필요한 법적·제도적 장치를 마련하도록 여성폭력방지법이 규정하고 있기 때문이다. 아동복지법과 마찬가지로 경찰과 지자체가 정보 공유를 할 수 있는 근거가 이미 법 자체에 존재하는 셈이다.

권 의원은 적극적으로 검토하겠다는 입장을 밝혔다. 그는 "피해가 발생하면 그 후의 책임이 누구한테 있는지 명확하게 할 수 있는 방안으로 의미 있는 발전이 될 수 있다"면서 "가해자를 어느 정도까지 지속적으로 감시할 수 있을지, 피해자에게 어떤 도움이 필요할지 더 고민해보겠다"고도 말했다. 그러면서 권 의원이 강조한 것이 있었다.

> "결혼하지 않아도 연애 과정에서 개인이 감당하지 못할 정도로 어려움을 겪을 수 있습니다. 기본적으로 힘에서 차이가 나고 경제력에서도 차이가 날 수 있습니다. 관계 속에서는 상대의 집착이나 지배를 헤쳐 나오기가 너무 힘듭니다. 임신

이나 낙태까지 겹치면 더 정신 차리기 힘들어지겠죠. 이렇듯 연애는 너절할 수 있어요. 그게 진실입니다. 이런 진실을 사회가 외면하면 교제폭력은 늘어날 수밖에 없습니다. 누구나 경험할 수 있는 문제로 우리 사회가 싸안고 감당해야 해요."

여성이 임신한 상태에서 교제가 끝날 수 있으며, 결혼이나 동거를 하지 않아도 자녀를 둘 수 있다. 이런 현실을 미네소타주는 가정폭력법에 이미 담아냈다. 감당하지 못할 정도의 어려움 속에서도 최소한 여성이 생명을 위협당하거나 뺏기는 일은 없도록. 국회에서 법을 만드는 사람들이 해야 하는 최소한의 책무이기도 하다. 현실을 바꾸려면 먼저 현실을 직시해야 한다.

한 명도 너무 많다

사귀던 남자에게 죽는다. 동거하던 남자에게 죽는다. 남편에게 죽는다. 이혼 후 다른 사람과 사귀다가 죽는다. 내연 관계에 있던 남자에게도 죽는다….

그런데 아무도 모른다. 1년에 몇 명의 여성이 사귀던 남성에 의해 죽고 있는지, 그 정확한 숫자를 아무도 모른다. 2016년부터 2018년까지 경찰은 데이트폭력으로 사망한 여성이 51명이라고 했다. 같은 기간 판결문을 찾아본 결과 법적으로 결혼하지 않은 상태로 서로 사귀다가 남성에 의해 죽어간 여성은 108명이었다. 법적으로 결혼한 상황까지 포함해 매년 언론에 보도된 살인 사건을 분석해서 발표하는 한국여성의전화 보고서를 보면 같은 기간 살해당한 여성이 230명이다.

모두 정확하지 않은 숫자다. 경찰 통계는 수사 현장의 주관적 판단이 개입될 여지가 있다. 어디까지를 교제폭력으로 보느냐에 따라 가정폭력에 포함될 수도 있고 누락될 수도 있다. 우리가 찾아본 판결문에 따른 숫자 역시 정확하다고 할 수 없다.

분명히 언론에 보도되었지만 찾을 수 없는 판결문이 존재했다. 한국여성의전화의 경우는 이와 정반대다. 언론 보도만을 기반으로 하고 있어 판결문이 존재하는 사건들이 누락될 수 있다. "보도되지 않은 사건을 포함하면 친밀한 관계의 남성에 의해 살해된 실제 피해 여성은 훨씬 많을 것"이라고 덧붙이는 것도 그래서다. 모두 최소한의 숫자다.

현재 우리나라에는 여성폭력에 대한 공식 통계가 따로 없다. 매년 나오는 경찰 범죄 통계나 대검찰청 범죄 분석을 통해 대략적인 피해 규모를 추정할 수 있을 뿐이다. 경찰청이 2020년 국정감사 당시 정춘숙 더불어민주당 의원에게 제출한 '2015년 이후 여성 대상 폭행·살인 통계(2015~2019년)'를 보면 5년 동안 살해당한 여성은 1735명이었다. 대검찰청 범죄 분석의 '살인범죄 피해자 성별 분포'를 보면 같은 기간 살해당한 여성은 1743명이었다. 문제는 이 중 얼마나 많은 여성이 친밀한 관계의 남성에게 살해되었는지는 전혀 알 수 없다는 것이다. 더군다나 경찰이나 검찰 범죄 통계로는 치사 범죄로 인한 여성 희생자를 파악할 수조차 없다. 젠더폭력이나 여성 살해 등에 대해 정확한 통계를 만들어 감시 체계를 수립하라는 UN의 요구를 오랫동안 무시하고 있는 것이다.

명백한 국가적 직무유기다. 그 책임이 가장 큰 곳은 어디일까? 바로 여성가족부다. 여성폭력방지기본법 제12조는 "여성가족부 장관은 관계 법률에 따른 성폭력, 가정폭력, 성매매, 성희롱 실태조사에서 누락된 여성폭력에 관하여 여성폭력 실태조사를 실시해야 한다"고 규정하고 있다. 누락된 숫자가 없도록 노력해야 한다는 뜻이다. 또한 제13조를 통해서는 "여성가족부 장관은 여성폭력 발생 현황 등에 관한 통계를 체계적으로 관리하기 위하여 이를 정기적으로 수집·산출하고 공표하여야 한다"고 명시하고 있다.

아무도 모르는 숫자

여성가족부는 그동안 여성폭력 발생 현황 통계를 한 번도 발표하지 않았다. 궁금했다. 법에 따라 실태조사를 하고 있을까? 경찰이나 지자체 등에 여성폭력 통계를 요청한 적이 있을까? 그랬다면 아직 그 결과를 발표하지 않았을 뿐 경찰, 한국여성의전화, 그리고 우리 취재진보다는 정확한 '숫자'를 확보하고 있을 것이라 기대했다. 2021년 3월 여성가족부에 정보공개청구를 했다.

> 1. 여성폭력방지법은 제3조를 통해 여성폭력을 △가정폭력 △성폭력 △성매매 △성희롱 △지속적 괴롭힘 행위 △그 밖

에 친밀한 관계에 의한 폭력 △정보통신망을 이용한 폭력으로 정의하고 있습니다. 2020년 발생한 여성폭력은 총 몇 건이며 또한 각각의 현황을 공개해주십시오.

2. 법에 정의된 여성폭력으로 2020년 사망한 여성을 모두 몇 명으로 파악하고 있습니까? 가정폭력으로 사망한 여성은 몇 명이고, '그 밖에 친밀한 관계에 의한 폭력'으로 사망한 여성은 몇 명입니까?

3. 2020년 통계가 아직 종합되지 않았다면, 상기 1~2항에 대한 2019년 통계에 대한 정보공개를 요청합니다.

"정보부존재." 여성가족부에서 돌아온 답의 첫머리였다. 그 내용 또한 대단히 실망스러웠다.

여성폭력방지기본법 시행(2019-12-25) 이후 제13조에 의한 여성폭력 통계를 구축하기 위해 여성폭력 통계체계 구축에 관한 연구 실시, 관계기관 의견 조회 등 논의 과정 중에 있습니다. 올해 중 관계기관과의 협의를 거쳐 여성폭력 통계 지표체계를 마련할 예정입니다. 현재 귀하께서 말씀하신 여성폭력 피해 건수, 여성폭력으로 인해 사망한 여성 수에 대한 통계는 보유하고 있지 않음을 말씀드립니다.

여성폭력방지기본법이 제정된 것이 2018년 12월 24일이다. 그로부터 2년이 지나도록 어떤 숫자를 어떤 형식으로 알릴지도 아직 정하지 못했고, 관계기관과의 협의도 완료되지 않았다는 이야기다. 법 제13조 2항을 통해 여성가족부에서 요구하면 중앙행정기관은 물론이고 지자체 및 공공기관이 관련 여성폭력 통계를 제공해야 한다고 장관에게 권한을 부여했는데도, 남성의 폭력으로 사망한 여성이 몇 명이나 되는지조차 파악하지 못하고 있다는 것이다.

국어사전을 보면, 행정은 법의 규제를 받으면서 국가 목적이나 공익을 실현하기 위해 행하는 능동적이고 적극적인 국가작용이다. 최소한 열흘에 한 명의 여성이 교제살인을 당하고 있다. 이런 현실을 정확히 파악하는 것보다 앞서는 '공익'은 과연 무엇일까. 여성폭력을 줄이기 위해 가장 능동적이고 적극적으로 행정에 나서야 하는 곳이 바로 여성가족부다.

여성가족부는 덜루스 모델을 국내에 직접 소개한 곳이기도 하다. 2015년 9월 박근혜 정부 시절이었다. 당시 여성가족부는 한국여성인권진흥원과 함께 '해외 전문가 초청 가정폭력 방지 토론회'를 열었다. 그때 소개한 사례가 바로 덜루스 모델이었다. 존 베이어 DAIP 이사장과 제니퍼 로즈 피해자 지원 담당관이 한국에 왔다.

존 베이어 이사장은 기자간담회에서 "덜루스 모델 도입으로 가정폭력 피해자가 신고하는 순간부터 수사, 기소, 구형, 가해자 교정 과정 등 전 과정이 하나로 통합되었다"면서 "30여 년 전에는 신고부터 처벌까지 각각의 단계가 단절되어 있었다"고 전했다. 2021년 현재 우리나라 상황과 1980년 미국 덜루스의 상황이 닮은꼴인 것이다. 이런 상황이 바뀌려면 무엇이 필요할까? 그때 두 사람 모두 강조한 것이 바로 '의지'였다.

> "미국에서도 피해자가 경찰에 신고하지 않고 감추거나 오히려 경찰의 도움을 거부하는 일은 흔히 일어납니다. 이런 불확실성을 없애는 것이 중요합니다. 이를 위해서는 피해자들에게 가해자 곁을 떠날 수 있는 다양한 선택지가 있다는 사실을 알려줘야 합니다. 가해자에게는 이런 행동을 반복하면 처벌을 반드시 받는다는 일관된 메시지를 전달해야 합니다. 특히 지역사회가 그런 폭력을 용납하지 않겠다는 의지를 명확하게 보여주면 재발률은 현저하게 낮아집니다."

굳이 헌법을 언급하지 않더라도 교제살인을 용납하지 않겠다는 강력한 의지를 명확하게 보여야 할 책임은 국가에 있다. 법에 규정된 대로 여성가족부는 여성폭력 실태부터 명확하게 파악해서 그 참혹한 현실을 객관적으로 드러내야 한다. 국회의 직무유기는 너무 오랜 세월에 걸쳐 반복되었다. 21대 국회에서는 역대 가장 많은 여성 의원이 선출되었고 헌정사상 최초의 여성 부의장도 있다. 그 어떠한 이름의 법안이라도 내놓아야 한다. 교제폭력에서 피해자를 강력하게 보호하고 가해자를 강력하게 처벌하겠다는 의지가 법에 담겨야 한다.
지자체는 현재의 네트워크를 '회의체'에서 '사업체'로 바꿔야 한다. 공공재정 혁신방안을 연구하는 '나라살림연구소'가 2020년 11월 243개 지자체 결산서를 분석한 결과를 보면, 우리나라 지자체 '곳간'에서 잠자고 있는 돈은 37.2조 원에 이른다. 법과 현실 사이의 공백을 최소화하기에 충분한 돈이다.
희망이란 말의 두 번째 뜻은 '앞으로 잘될 수 있는 가능성'이다. 그 가능성이 안 보이면 절망에 빠진다. 모든 희망을 끊어버릴 수밖에 없는 '밀실'에서 너무 많은 여성들이 죽고 있다.

우리의 책임

"모두 들어봐요. 누구도 여자를 때려서는 안 됩니다. 아내도, 여자친구도, 데이트에서도. 여자들, 그 누구도 폭력을 두려워하지 말아야 해요. 제일 믿고 잘 아는 사람에게는 특히. 하지만 현실은 그렇지 않아요. 이런 현실을 우리는 바꿔야 합니다. 우리의 몫입니다. 왜냐하면 한 번의 폭력도 많은 거니까요. 여성에 대한 폭력은 우리 모두를 다치게 합니다. 권력 남용은 남자가 여자를 때릴 때 일어납니다. 우리는 모두 책임이 있습니다."

- '하나도 너무 많다(1 is 2 Many)' 캠페인 영상 중에서

버락 오바마: 교제폭력은 우리 모두를 다치게 합니다. 그러니 폭력을 끝내도록 도와주세요. 한 번의 폭력은 정말 많은 겁니다.
일라이 매닝: 하나도 많습니다.
조 토리: 하나도 많습니다.
앤디 카츠: 하나도 많습니다.
제러미 린: 폭력을 막아주세요.
지미 롤린스: 왜냐하면 잘못된 거니까요.
조 바이든: 하나도, 하나도 정말 많은 거니까요.

- '하나도 너무 많다(1 is 2 Many)' 캠페인 영상 중에서

한 번도 너무 많다. 한 명도 너무 많다. 여성폭력을 없애자는 이 캠페인은 2014년 10월 미국 백악관이 주도했다.

인터뷰 • 김홍미리 여성주의 활동가

단 한 명의 여성도 잃을 수 없다

"단 한 명의 여성도 잃을 수 없다."
국가·지자체·국회, 그중 한 곳에서라도 이런 생각을 가졌더라면, 우리는 죽어 나가는 여성들을 덜 마주했을까? 여성폭력에 대한 국가 통계조차 없는 현실이 조금은 바뀌었을까? 사면이 벽으로 둘러싸여 빠져나갈 틈조차 없는 '교제살인'이라는 현실에 균열을 내고 도망갈 '문'을 만들어낼 수 있었을까?
이 같은 고민을 수년 동안 해온 김홍미리 여성주의 활동가는 2017년 스웨덴을 방문했을 때 여성폭력 대응기구의 수장으로부터 "단 한 명의 여성도 잃을 수 없다"는 말을 들었다. 한국에서는 1년에 몇백 건씩 '친밀한 관계의 남성에 의한 여성 살해'가 일어난다고 전했을 때 돌아온 답변이었다.
김홍미리 활동가는 그동안 '친밀한 관계 내 여성 살해' 숫자를 세는 일을 했다. 2012년까지 한국여성의전화에서 일했던 그는 2009년부터 '언론에 보도된 살해당한 여성의 수'를 세기 시작했다. 2009년에 93명, 2010년에 154명, 2011년에 90명, 2012년에 204명이 친밀한 관계의 남성으로부터 죽임을 당하거나 살인미수 피해를 입었다. "만날 얼마나 죽었나"를 들여다보던 시간들이 너무 힘들었다. 이후엔 여성에 대한 폭력을 끝낼 방법을 고민하며 학문에 열중했고 책을 냈으며 강연을 이어갔다. 2017년 스웨덴 방문도 그 활동의 일환이었다. "스웨덴에서는 '여성에 대한 남성 폭력'으로 한 해에 10명 미만이 사망하고 있다고 하더라고요. 그러면서 '지금도 너무 많다'고 말하는데, 책임자가 그런 생각을 갖고 있으니 '친밀한 관계에 의한 여성 살해' 숫자가 줄어들 수 있었겠죠."

그로부터 2년 후인 2019년 5월, 그는 "단 한 명의 여성도 잃을 수 없다"는 말을 다시 끄집어냈다. 자신의 페이스북에 해시태그를 달아 '#단_한_명의_여성도_잃을_수_없다'를 올렸다. 이틀 전 발생한 아내 살해 사건을 다룬 글이었다.

사건의 가해자인 남편의 직업은 정치인이었다. 시의회 의장까지 지낸 그가 아내를 죽였다. 유승현 전 김포시의회 의장은 골프채와 주먹으로 아내를 때려 사망시켰다. 포승줄에 묶여 이송되는 유 전 의장을 향해 기자들은 물었다.

"죽일 의도가 있었나요?"

묵묵부답인 그를 대신해 김홍미리 활동가가 페이스북에 글을 올렸다.

"아내를 때려죽인 남편들의 답은 늘 한결같아서 제가 알려드릴 수 있습니다. 유승현은 죽일 생각은 없었다고 말할 것이고, 술에 취해 제정신이 아니었다고 말할 겁니다. 아내 살해범 유승현에게 아내 살해 의도가 있었는지 묻지 마세요."
그는 기자들에게도 당부의 말을 남겼다.
"죽일 생각은 없었다는 그의 말을 받아 적지 마세요. 믿지 마세요. 그에게 살해 의도 여부를 묻지 마시고 아내폭력의 실상을 취재해주세요. 그래야 덜 죽을 수 있으니까요."
그는 한 가지 '예고'도 했다.
"검찰은 살인죄로 기소하지 않을 테고 그러면 감형이 되겠네요. 폭행치사로 기소하면 살인보다는 형량이 낮아진다지요."
그의 말은 절반만 맞았다. 정치인의 아내 살해 사건은 큰 주목을 받았다. 여론이 들끓었고 그에 호응하듯 경찰과 검찰은 살인죄를 적용했다. 1심 재판부는 '살인죄'를 인정해 유 전 의장에게 징역 15년을 선고했다. 2심 재판부는 "고의가 없었다"며 상해치사죄를 적용해 징역 7년을 선고했다.
"오늘은 강남역 여성 살해 3주기입니다. 우연히 살아남은 여성들이 그 사이 수백 명 살해되었습니다. 아내 살해범 유승현이 그중 한 명을 때려죽였습니다. 그는 살인하였고 그 죄를 가볍게 물어서는 안 될 것입니다. 그의 죄목은 치사가 아니라 살인죄입니다."

우리가 '교제살인'을 주제로 판결문을 분석하고 취재하고 글을 쓰면서 말하고 싶었던 지점들이 이 글에 고스란히 담겨 있었다.

 - 2019년 5월 페이스북에 "아내 때려죽인 남성에게 '왜 죽였냐' 묻지 말라. 그에게 살해 의도를 묻지 말고 아내폭력의 실상을 취재하라"고 글을 쓰셨습니다. 교제살인 관련 판결문을 분석한 저희로서는 매우 공감할 수밖에 없었습니다.

'왜 죽였어요?'라고 물으면 그들의 답은 하나입니다. '내 말을 안 들어서 죽였다'고 해요. 밥을 차려주지 않아서, 섹스를 해주지 않아서, 상대가 바람이 나서 등등 성역할과 관련된 맥락에서 다들 죽여요. 이런 상황에서 가해자에게 굳이 왜 이유를 물어보냐는 거죠. 데이트폭력, 교제살인도 마찬가지입니다. 여성이 왜 죽을 수밖에 없었는지는 아무도 묻질 않아요. 가해자의 말만 재생산하죠. 왜 개인의 문제로만 치부하나요? 왜 이 일을 해결해야 할 책임 있는 주체들이 자신의 책무로 불러오지 못하나요? 이런 이야기를 언제까지 해야 할까요?
이화여자대학교 한국여성연구소에서 연구교수를 지낸 허민

숙 교수님이 배우자 살인 판례를 분석해서 쓴 논문 중에 이런 대목이 있습니다. 가정폭력에 시달리다가 남편을 살해한 여성에게 판사가 왜 문을 열고 도망가지 않았냐고 물었다고 해요. 데이트폭력도 마찬가지잖아요. 피해를 입은 여성에게 '그 남자와 왜 안 헤어졌니?'라고 묻잖아요. 피해자에게 '문'이 있는 게 아니라 '벽'밖에 없는 이 상황을 전혀 모른다는 뜻이죠. 가해자는 문을 벽으로 만드는 사람이에요. 그렇다면 누가 벽을 문으로 만들어야 할까요? 너 아니면 나이고, 우리 사회일 수밖에 없는데 왜 우리는 벽을 만드는 데 기여하는 그 말을 재생산하고 있냐는 겁니다. 그런 말을 하는 사람도 문제이고, 그런 말을 전달하는 것조차도 폭력 관계에 결합되어 있다고 봐요. 어떤 말을 흘러 다니게 할 것인가의 문제입니다.

친밀한 관계에서 폭력에 노출된 사람에게는 '내가 뭘 할 수 있어? 어떻게 해야 도움이 돼?'라고 말을 건네는 게 중요합니다. 옆에 있어주는 게 '문'이 되어주는 것입니다. 그런데 이런 비공식적 지원 체계는 물론이고 공식적 지원 체계 등 그 무엇도 가동되지 않을 때, 피해자가 벽에 둘러싸여 있을 때 가해자의 '살해 권리'는 온전히 지켜지게 됩니다. 모든 일이 둘 사이의 문제인 것처럼, 피해자가 바보인 것처럼, '저 여자는 저 남자를 너무 사랑해서 못 벗어나'라고 이야기하면 안 됩니다. 이런 행태가 '살해 권리'를 지켜주기 때문입니다.

- 데이트폭력, 교제살인의 실상을 제대로 파악하려면 도대체 여성들이 얼마나 죽는지부터 알아야 할 텐데요. 그 작업을 한국여성의전화에서 시작했습니다.

정말 너무 화가 나서 시작한 일이에요. 2009년 제가 한국여성의전화에서 활동가로 일할 때 언론 보도를 통해 본 '친밀한 관계의 남성에 의한 여성 살해 숫자'를 조사하기 시작했어요. 정부를 향해 '친밀한 관계 내 여성 살해 통계를 내라'고 요구한 게 10년쯤 된 상황이었을 거예요. 하도 안 내놓으니까 '그래? 그럼 우리가 센다' 하고 시작했는데, 아직까지도 국가 통계가 없다는 건 직무유기를 넘어섰다고 볼 수 있죠. 저는 죽음을 승인하는 것에 가깝다고 생각해요. 10년 전이나 지금이나 똑같아요. 너무 화가 나죠. 왜 여자가 죽는 것에 대해 이렇게 문제 삼지 않을까. 교제살인이나 데이트폭력은 '합리적 개인의 이성적 선택', '선택의 주체들이 연애를 한다'는 걸 가정하고 있죠. 그런데 사실은 전혀 그렇지 않다는 것, 개인과 개인의 권력구조 안에 문제가 도사리고 있다는 것을 통계로 말하고 싶었어요. 여성들이 아무리 죽어도 관심을 갖지 않으니까 이렇게라도 숫자를 보여주면 조금이라도 관심을 가질 줄 알았죠. 계속 그렇게 관심이 없다가 2015년 강남역 살인 사건 이후 '여성의 죽음'에 우리 사회가 관심을 갖기 시작한 것 같아요.

강남역 사건 때 사람들이 여성의 죽음을 너무 놀라워했는데 저는 그 점이 더 놀라웠어요. 전에도 여성혐오 살인 사례가 있었는데 '너무 새롭다'며 여성이 죽는 것에 대해 다수의 사람들이 '반응'하니까 이런 날이 오기도 하는구나 싶었어요.

- 강남역 살인 사건 이후에 무엇이 달라졌습니까?

우리 사회는 데이트폭력 등이 '권력 관계' 내에서 발생하는 문제임에 귀 기울이지 않다가 강남역 살인 사건 이후로 '성별화된 연애'를 인지하기 시작했던 것 같아요. 남자는 '내가 너를 보호해줄게'라는 명목으로 '옷은 왜 그래? 밤에는 나다니지 마'라고 통제해왔죠. 보호가 통제의 다른 말이었던 셈이죠. 이것에 대한 문제의식이 없다가 여성들은 강남역 사건 이후 '어? 이건 아닌 거 같아'라고 위치를 전환했다고 봅니다. '세상이 위험해? 그런데 왜 내가 조심해야 해?'라고 질문을 하기 시작했죠. 여성들이 '네가 나를 더 이상 보호해줄 필요가 없어'라고 말하기 시작하자 일군의 남성들은 '우리는 너희를 아꼈는데 왜 가해자 취급을 해?'라고 화를 냈죠. 그런데 또 다른 일군의 남성들은 '맞네. 우리가 왜 보호자를 자처했지? 동지인데, 같이 싸워야 했는데'라면서 다른 생각을 가지기 시작했죠. '같이 싸우자'고 했던 남성들은 강남역 살인 사건 때 함께 분노했죠. 그 전에는 여성혐오 살인을 두고 남성이 같이 시위하는 모습을 단 한 번도 본 적이 없었어요. 그때가 처음이지 않을까 싶습니다.

여성계는 '연애 각본대로 성역할을 수행하지 말자', '연애는 파트너십이지 누가 누굴 보호해주는 게 아니다'라는 이야기를 계속해왔어요. 이런 이야기를 여성들이 듣기 시작한 것도 2015년 이후인 것 같아요. 4B(비연애·비섹스·비결혼·비출산)가 그 결과죠. 아무리 말해도 상대가 평등한 파트너십에 대해 생각하지 않고 시도조차 해보려 하지 않으니 차라리 연애·결혼 등을 그만두겠다는 선언입니다. 여성들의 이런 변화는 필연적이죠.

— 여성들의 변화와 함께 남성도 변하고 있다고 보시나요?

강남역 살인 사건 이후 '여자들이 택시를 탈 때 정말 무서워?' 같은 질문을 하는 남자들이 많아졌어요. 여성들이 사는 세계와 내(남성)가 사는 세계가 같지 않았다는 걸 정말 몰랐다는 이들이 등장하죠. 경험의 차이와 마주하고, 살아가는 세상의 차이를 아는 사람과 대화를 할 수 있게 된 거죠. 대화의 경험들이 쌓이면 '보호의 방식이 아닌 연애, 성역할에 구애되지 않는 평등한 연애를 하고 싶어'라고 말했을 때 알아들을 수 있는 사람들이 많아지겠죠. 이제야 무언가 이야기할 수 있고 이해할 수 있게 된 거죠. 그런 지형이 지금 만들어지고 있다고 생각해요.

　- 지형은 형성되고 있는데, 정작 '변화'를 이끌어가야 할 정부는 이 문제에 큰 관심이 없는 것 같습니다. 여성폭력방지기본법이 2018년 12월 제정되어 '여성에 대한 폭력 통계'를 국가가 통합적으로 구축하도록 하는 법적 근거가 마련되었지만 아직도 공식 통계가 없는 상황입니다. 이건 '의지'가 없다고밖에 달리 할 말이 없어요.

여성이 죽기 때문이고 약자가 죽기 때문입니다. 노동자 한 명 죽어도 눈 하나 깜짝하지 않잖아요. 같은 맥락이라고 생각해요. '친구 사이에서 누가 욱해서 죽였어'라고 하면 이 사건을 구조적 문제로 가져오진 않잖아요. 나라가 '친밀한 관계 내 죽음'을 '사인 간 욱해서 발생하는 문제'로 보는 거죠. 친밀한 관계 내 폭력 피해자 대다수가 여성이라는 통계를 가져다줘도 '개인 간 일'이라면서 문제로조차 여기지 않는 공통 정서가 있는 겁니다. 그 인식을 넘어서지 않으면 정부 대책은 나오기 어렵죠. '여성이 피해자가 되는 폭력 문제'를 가장 나중의 문제로 미뤄두는 태도는 진짜 뼛속 깊이 새겨져 있는 것 같아요.

나와는 무관한 문제로 보는 거죠. 아니, '문제'인 줄도 모르는 것 같아요. 다만 2015년 강남역 사건 이후 집단적으로 목소리를 내니까 마지못해 따라오는 척은 하는 것 같아요.

- 그럼 여성들이 '구조적 문제를 해결하라'고 단체로 목소리를 내야 할까요?

디지털 성범죄 문제도 전혀 새로운 문제가 아니었잖아요. '소라넷'을 이용하던 100만 명의 남성들은 다 알고 있었을 텐데, 왜 아무도 '문제'라고 말하지 않았던 걸까요. 그러다가 갑자기 언론에 n번방 사건이 대대적으로 보도되고 시민사회 내에서 '문제야!'라는 목소리가 나오고… 처음에는 아무도 안 믿다가 명백한 피해자들이 수면 위로 드러나고 여성들이 이런 위협에 노출돼 있다는 걸 부정할 수 없게 되니, 정치권에서도 간신히 알아듣는 형국이죠.

강남역 살인 사건이 일어났을 때 '여자라서 죽었다'고 하니까 거기에 대한 응답이 뭐였죠? '남자도 죽는다'였잖아요. '남자라고 다 그런 것은 아니다. 착한 남자도 많다'는 반응도 있었죠. 며칠 뒤 구의역에서 스크린 도어 사고로 비정규직 노동자가 사망했을 때 '안 그런 사람들이 더 많다. 착한 사장님도 있다' 이렇게 말하는 사람은 아무도 없었죠. 여성과 젠더 문제에 한해서는 '그 남자만 이상한 것'이라며 개인의 문제로 치환시키는 감각이 정말 뛰어나요. 마치 관성처럼.

구조적 문제를 제기하는 여성의 목소리를 듣는 걸 '치우쳤다'고 여기면서 '어라, 쟤네들 남자들을 미워하네. 중립적 입장 취해야지'라고 한 게 정부였죠. 강남역 사건 이후, 정부에서 '20대 남성을 위로한다'며 20대 청년 남성이 얼마나 힘든지 보고서를 발표했잖아요. 인식의 틀을 바꾸는 데는 관심이 없고, 정부는 '우리가 중심을 잡아서 20대 남성을 위로해야지' 이렇게 움직이니 답이 없죠.

한국여성의전화 활동가들과 함께 2017년 스웨덴에 갔었어요. 여성폭력 피해자 지원 제도를 알아보기 위해서였죠. 스웨덴 내 여성폭력 대응기구 센터장을 만났는데 '단 한 명의 여성도 잃을 수 없다'는 인식을 갖고 있더군요. 우리는 여성에 대한 남성의 폭력으로 1년에 몇백 명의 여성들이 사망하는데 스웨덴은 10명 미만이었어요. 그런데도 "지금도 너무 많다"고 말하더군요. 책임자가 이런 생각을 갖고 있고, 이를 실천하기 위해 적극적인 행정을 펼치고, 그 안에서 여전히 남아 있는 문제점을 줄여나가기 위해 노력하니까 '친밀한 관계에 의한 여성 살해' 숫자가 줄어드는 것 아닐까요.

— 국회도 '여성폭력' 문제 해결에 의지가 없기는 마찬가지인

것 같습니다. 스토킹처벌법이 통과되는 데도 22년이 걸렸고, 데이트폭력처벌법은 지난 20대 국회부터 수차례 발의되었지만 제대로 논의조차 되지 않았습니다.

국회는 '불쌍한 피해자를 도와줘야 하니 긴급한 상황에서 어쩔 수 없이 개입한다'는 기조를 유지하고 있죠. 이번에 통과된 스토킹처벌법만 봐도 알 수 있어요. 법의 목적에 '피해자 인권'이라는 단어조차 안 들어가 있어요. 누군가 계속 떠들다 보니까 사회적 동의도 얻고 법안도 7개씩 올라오고 하니 등 떠밀려서 겨우 통과시킨 거죠. '안전 이별' 등의 단어도 온라인상에서 여성분들이 먼저 썼던 말이에요. 그런 '언어'가 생기면서 '아, 이게 문제였구나' 감지하는 분들이 점차 많아지고, 여론이 모이면서, 결과적으로 스토킹처벌법도 통과된 거죠. 국회가 이 문제를 잘 알아서 대처한 것은 아니라고 봅니다.

    - 어떻게 하면 남성들이 '나도 친밀한 관계 내 폭력의 가해자가 될 수 있다'는 인식을 할 수 있을까요?

이성 연애를 할 때 감정과 분노가 젠더화되어 있어요. 남자가 헤어지자고 하면 여자는 '내가 문제였나? 뭐가 문제였지?'라고 생각할 수 있겠죠. '헤어지자'는 남자의 말과 의견, 결정을 수신하는 겁니다. 그런데 교제폭력에서 남성의 분노가 일어나는 지점은 바로 여자가 헤어지자고 했을 때입니다. 남자가 여성의 결정을 수신하지 않는 거예요. 그래서 분노가 젠더화되어 있다고 하는 겁니다.

남녀가 평등한 관계라면, '너랑 만나고 싶지 않아. 밥하고 싶지 않아. 섹스하고 싶지 않아'라는 상대의 의견이나 결정에 분노가 아니라 궁금증이 생기겠죠. 상대는 왜 그런 생각을 하게 되었을까? 그런데 분노가 생성된다면 생각해봐야죠. 상대가 내 말을 듣지 않는 게 왜 나를 화나게 할까? 젠더화된 분노의 작동 방식을 '성별 위계구조' 안에서 한 번쯤 생각해본다면 당신과 상대의 관계가 평등한지 아닌지 알 수 있을 겁니다.

약자들은 화를 낼 수 없어요. 회사에서 노동자가 화를 내면 감정적이라고 하지만 사장이 화를 내면 스트레스로 민감해져서 그렇다며 허용하는 맥락이 있는 것처럼 이런 위계구조가 젠더 안에서도 작동한다는 거죠. 특권임을 스스로가 모르는 게 특권이잖아요. 관계에서도 자신의 감정, 분노, 혹은 그 무엇이든 조절할 필요가 없는 위치라면 되돌아봐야 합니다. '성별 위계구조' 안에 자신이 놓인 게 아닌지 상태를 가늠해볼 필요가 있어요.

- 그 '가늠의 척도'는 무엇이 될 수 있을까요?

'교제살인'을 다룬 이런 책들이 도움이 될 수 있다고 봅니다. 이 책에는 '친밀한 관계' 안에 있는 사람들이 함께 나눌 수 있는 많은 이야깃거리가 담겨 있죠. 책을 읽고 '여성이 죽는 문제'에 대해 연인끼리 대화할 수 있다면 그것이 가늠의 척도가 될 것 같아요. 말할 수 있다는 것은 서로 들을 준비가 되어 있는 관계를 의미하죠. 평등의 다른 말이라고 생각해요. 어떤 연인이 이 책을 두고 이야기를 나눌 수 있다면 그것으로도 충분히 의미가 있을 것 같아요. 그런데 서로 그런 이야기를 할 수 없다면? 들을 준비가 안 된 관계라는 점에서 숙고해볼 계기가 될 수 있겠죠.

— 저희는 그동안 양형위원회에 '교제살인에 대한 양형기준을 마련하라'는 서면질의서를 보냈고, 권인숙 더불어민주당 의원이 대표발의한 '가정폭력범죄의 처벌 등에 관한 특례법 일부개정법률안'을 통과시켜달라고 편지도 썼습니다. 113개 지자체에 '여성폭력 대응 기구'를 만들어야 한다는 의견을 담은 편지도 보냈습니다. 단 한 명의 여성이라도 덜 죽게 하려면 앞으로 무엇을 더 해야 할까요? 데이트폭력에 언제든 노출될 수 있는 여성들이 모여 '여성폭력 문제를 해결하라'고 목소리 내도록 하는 일이 필요할까요?

피해자들이 자신을 드러내며 성폭력을 고발한 미투 국면에서 많은 사람들이 목소리를 냈어요. 그런데 말하는 것보다 더 중요한 것이 있다고 생각해요. 바로 '위드유(with you)'입니다. 미투 때 피해 여성들이 용기를 내자 굉장히 많은 사람들이 들으려고 했거든요. 많은 사람들이 알고 싶어 하고 듣고 싶어 하면서 서로를 위로하고 공감하는 지대가 더 넓어졌으면 해요. 피해자의 고통에 귀 기울이는 것 그 자체가 '위드유'가 아닐까 싶어요.

친밀한 관계 안에서 남성에 의해 여성들이 죽는 문제에 대해 여성들이 '목소리를 내야 한다'고 강조하면 이런 요구를 받는 사람들은 '뭔가 해야만 하나?'라는 부담이 들 수 있어요. 그런데 남녀를 떠나서 '들을 준비가 되었나요?'라고 묻는다면 어떨까요. 준비만 하면 되는 거잖아요. 들을 준비가 된 사람이 많아질수록 말하기가 쉬워져요. '저 사람들이 내 이야기를 왜곡하면 어떡하지?' 이런 걱정 때문에 말하지 못하는 것들이 많았잖아요. 반면에 내 이야기를 들을 준비가 된 사람들이 많아지면 말하기는 별문제가 아닐 수 있어요. 대단한 게 아닙니다. 우리는 열심히 들을 준비를 하면 됩니다.

많은 사람들이 들을 준비를 할 수 있게 노력하면 좋겠어요. '교제살인'이 피해자가 헤어지지 못해서 발생하는 일이 아님을, 여성들이 벽 안에 갇혀 있는 상황임을, 폭력에 노출된 여성을 사회가 나서서 보호해야 함을 더 드러내고 이야기할 필요가 있어요. 자꾸 이야기하다 보면, 이 이야기가 가닿는 사람들이 많아질 것이고, 친밀한 관계 내 폭력의 구조적 문제에 대해 귀 기울여 들을 준비가 된 사람들도 많아지지 않을까요. 더 많이 떠들수록 '들을 준비'가 된 사람들이 더 많아질 겁니다.

나는 죽어서야 헤어졌다

교제살인, 그 108명의 기록

2016년

2016년 1월 16일 28세 여자의 삶이 끝났다. 남자는 여자와 여자의 엄마, 그리고 여자의 아들과 함께 살고 있었다. 여자와 말다툼이 벌어졌다. 여자는 "아내 또는 나를 선택하라"고 했다. 여자의 엄마도 남자에게 화를 냈다. 남자는 칼을 들었다. 여자를 칼로 찔렀다. 여자의 어머니도 칼로 찔렀다. 끔찍한 그 상황을 여자의 어린 아들이 목격했다. 여자의 어머니는 목숨을 건졌다. 재판부는 남자에게 징역 15년을 선고했다. 살아 있었다면 여자는 지금 33세다.

2016년 1월 17일 27세 여자의 삶이 끝났다. 장소는 모텔이었다. 말다툼을 하다가 여자는 바깥으로 나가려고 했다. 남자는 여자를 밀쳤다. 남자는 여자를 때렸다. 여자가 창문 바깥으로 몸을 내밀었다. 6년을 사귄 남자가 여자를 그대로 밀어버렸다. 7층이었다. 재판부는 남자에게 징역 12년을 선고했다. 살아 있었다면 여자는 지금 32세다.

2016년 1월 25일 48세 여자의 삶이 끝났다. 10년간 함께 지냈던 그 남자가 모텔 객실에 있던 의자를 높이 쳐들었다. 여자의 머리를 내리쳤고 쓰러진 여자의 복부를 발로 마구 짓밟았다. 아는 사람들과 함께한 술자리에서 여자가 술에 취했다는 것이 그날 폭행의 이유였다. 법정에서 여자의 딸은 평소에도 남자가 엄마를 자주 때렸다고 증언했다. 남자에게 징역 9년이 선고됐다. 살아 있었다면 여자는 지금 53세다.

2016년 2월 13일 20세 여자의 삶이 끝났다. 7개월 전 채팅으로 사귀기 시작한 남자 때문이었다. 다투다 격분한 남자는 여자의 목을 졸랐다. 여자를 살해하고 2시간 뒤 남자는 여자의 휴대폰으로 여자의 친구에게 "가고 있다"는 문자를 보냈다. 여자의 언니에게도 "○○ 왔다 ㅋㅋㅋ" 등의 문자를 보냈다. 그리고 밥을 먹고 당구를 쳤다. 재판부는 남자에게 징역 18년을 선고했다. 살아 있었다면 여자는 지금 25세다.

2016년 2월 24일 35세 여자의 삶이 끝났다. 그 남자와 사귄 지 7개월 만에 생이 끝났다. 함께 맥주를 마시다가 다툼이 일어났다. 남자는 유리컵을 바닥에 던졌다. 그리고 깨진 유리컵을 손에 들었다. 법정에서 남자는 심신미약을 주장했다. 재판부는 받아들이지 않았고 남자에게 징역 15년을 선고했다. 살아 있었다면 여자는 지금 40세다.

2016년 3월 3일 49세 여자의 삶이 끝났다. 남자는 여자와 전 남자친구의 관계를 의심했다. 여자는 그만 만나자고 했다. 남자는 여자의 목을 졸랐다. 사귄 지 열흘도 되지 않아 일어난 비극이었다. 살인이 일어나기 20여 일 전, 남자는 사귀던 다른 여자와 헤어졌다. 남자는 그 여자도 의심했다. 그 여자의 전 남자친구를 죽여버리겠다고 했다. 남자는 술집 여주인을 목 졸라 죽여 교도소에서 13년을 복역하고 나온 사람이었다. 재판부는 남자에게 징역 30년을 선고했다. 살아 있었다면 여자는 지금 54세다.

2016년 3월 10일 74세 여자의 삶이 끝났다. 같은 아파트에 살면서 서로 안마도 해주는 등 3년 동안 친하게 지낸 남자가 범인이었다. 남자는 여자를 강간했다. 결사적으로 저항하다가 자신에게 상처를 남겼다는 이유로 남자는 여자를 침대에서 세차게 밀어 떨어뜨렸다. 바닥에 뒷머리를 부딪힌 여자는 그 자리에서 숨을 거뒀다. 남자에게 징역 7년이 선고됐다. 살아 있었다면 여자는 지금 79세다.

2016년 3월 16일 53세 여자의 삶이 끝났다. 식당을 하던 여자는 남자와 손님으로 처음 인연을 맺었다. 두 사람은 연인 관계가 됐지만 얼마 후 여자는 남자에게 헤어지자고 했다. 남자는 여자가 보는 앞에서 농약을 마셨다. 다음 날 남자는 식당으로 다시 찾아왔다. 왜 전화를 받지 않느냐고 물었다. 여자는 힘들다고 했다. 남자는 여자의 목을 졸랐다. 남자에게 징역 13년이 선고됐다. 살아 있었다면 여자는 지금 58세다.

2016년 3월 30일 26세 여자의 삶이 끝났다. 남자는 여자에게 집착했다. 수시로 휴대폰 사용 내역을 뒤졌다. 사귄 지 3개월 만에 여자는 남자에게 헤어지자고 했다. 한밤중에 남자는 칼을 들었다. 같이 죽자고 했다. 여자를 찔렀다. 그 광경을 함께 살고 있던 친구가 목격했다. 남자는 그 친구의 방문도 밀고 들어갔다. 방에는 친구의 아들이 있었다. 남자는 다시 칼을 휘둘렀다. 잠에서 깬 다섯 살 어린아이가 그 모습을 지켜봤다. 남자에게 무기징역이 선고됐다. 살아 있었다면 그 여자들은 지금 31세다.

2016년 4월 25일 37세 여자의 삶이 끝났다. 여자는 남자에게 헤어지자고 했다. 함께 살던 집 비밀번호를 바꾼 다음 날 새벽, 남자는 집 앞에서 기다리고 있었다. 여자를 마구 때렸다. 한 달 후 남자는 방범창을 뜯고 침입했다. 다시 만나자고 요구하는 남자 손에는 칼이 들려 있었다. 여자는 거처를 옮겼다. 남자는 위치추적기를 구입했다. 심부름센터에도 여자의 위치 추적을 의뢰했다. 결국 여자는 자신의 직장 화장실에서 칼을 든 남자와 마주쳤다. 남자에게 무기징역이 선고됐다. 살아 있었다면 여자는 지금 42세다.

2016년 5월 16일 46세 여자의 삶이 끝났다. 1년 동안 사귀던 남자와 말다툼을 하다가 남자의 아파트에서 떨어져 생을 마감했다. 그날 두 사람이 싸운 이유는 성격 차이, 그뿐이었다고 했다. 그럼에도 여자는 생명의 위협을 느꼈다. 남자는 집으로 가려는 여자를 힘으로 제압하려고 했고, 여자는 남자를 피해 베란다로 도망갔다. 여자는 "살려주세요. 7층이에요"라고 외쳤다. 다시 실랑이가 벌어졌다. 20미터 아래로 여자가 떨어졌다. 재판부는 남자에게 징역 3년을 선고했다. 살아 있었다면 여자는 지금 51세다.

2016년 6월 4일 44세 여자의 삶이 끝났다. 사귀고 석 달이 지난 다음부터 남자는 여자를 때리기 시작했다. 남자가 식당에서 여자를 때려 경찰이 조사에 나선 일도 있었다. 여자는 처벌을 원하지 않는다고 했다. 그로부터 다섯 달 후 다시 폭행이 일어났다. 잔인하고 무자비한 폭행으로 극심한 고통을 호소하는 여자를 남자는 외면했다. 남자에게 징역 10년이 선고됐다. 살아 있었다면 여자는 지금 49세다.

2016년 7월 14일 47세 여자의 삶이 끝났다. 여자에게는 두 아이가 있었다. 남자에게도 두 아이가 있었다. 두 사람은 연인이 됐고 함께 살기 시작했다. 어느 날 두 사람은 돈 문제로 다퉜고, 그날 밤 남자는 쌀쌀맞게 자신을 대한다는 이유로 여자의 목을 졸랐다. 재판부는 남자에게 징역 20년을 선고했다. 살아 있었다면 여자는 지금 52세다.

2016년 7월 20일 32세 여자의 삶이 끝났다. 3개월 남짓 사귀었던 그 남자가 여자의 목을 졸랐다. 남자는 도망갔다. 실종 신고를 받고 출동한 경찰이 여자를 발견한 장소는 남자의 집 냉동실이었다. 남자에게 징역 16년이 선고됐다. 살아 있었다면 여자는 지금 37세다.

2016년 8월 4일 53세 여자의 삶이 끝났다. 남자는 여자에게 돈을 빌려 썼다. 그러면서 남자는 다른 여자를 만났다. 말다툼이 일어났고 남자는 여자의 목을 졸랐다. 재판부는 남자에게 징역 12년을 선고했다. 여자의 삶이 끝난 장소는 공원 어느 나무 밑이었다. 살아 있었다면 여자는 지금 58세다.

2016년 8월 7일 38세 여자의 삶이 끝났다. 그 남자와는 1년 넘게 교제하며 함께 살았다. 의심으로 뒤틀린 관계는 그날 여자의 아파트에서 파국을 맞았다. 금전 문제로 다투다가 남자는 여자에게 악마라고 했고 여자는 남자의 뺨을 때렸다. 남자는 칼을 들었다. 재판부는 남자에게 징역 10년을 선고했다. 살아 있었다면 여자는 지금 43세다.

2016년 8월 8일 61세 여자의 삶이 끝났다. 남자와 여자는 한센병 치료를 받으며 가까워졌다. 부인이 있었던 남자는 이혼을 했고 두 사람의 교제는 3년 넘게 이어졌다. 의심이 비극의 시작이었다. 다른 남자에게 양파를 갖다줬다는 이유로 남자는 여자를 의심했다. 다른 남자와 가깝게 지내지 말라고 요구했다. 여자는 이제 끝났다고 했다. 남자는 여자를 칼로 찔렀다. 그 칼로 양파를 받은 남자도 찔렀다. 두 사람의 목숨을 앗아간 남자에게 무기징역이 선고됐다. 살아 있었다면 여자는 지금 66세다.

2016년 8월 10일 54세 여자의 삶이 끝났다. 그 남자는 2년 전에도 여자의 삶을 끝내려고 했다. 계속되는 의심에 결별을 통보한 여자를 남자는 칼로 찔렀다. 여자는 목숨을 건졌고 남자는 감옥으로 갔다. 가석방으로 세상에 돌아온 남자와 여자는 다시 교제를 시작했다. 여자는 주점을 운영하고 있었다. 남자는 장사를 그만하라고 요구했다. 남자는 다시 칼을 들었다. 재판 과정에서도 남자는 여자를 탓했다. 남자에게 무기징역이 선고됐다. 살아 있었다면 여자는 지금 59세다.

2016년 8월 19일 34세 여자의 삶이 끝났다. 남자와는 인터넷 채팅으로 알게 됐다. 교제를 시작하고 6개월 후 남자가 여자를 때렸다. 여자는 처벌을 원하지 않았고 남자는 기소유예로 풀려났다. 다시 6개월 후 남자의 폭행이 이어졌다. 함께 지내던 모텔에서 다른 남자와 술을 마셨다는 이유로 여자를 걷어차고 짓밟았다. 여자가 생을 마감한 장소는 화장실 안이었고 당시 여자의 몸무게는 36킬로그램이었다. 남자에게 징역 13년이 선고됐다. 살아 있었다면 여자는 지금 39세다.

2016년 8월 23일 38세 여자의 삶이 끝났다. 두 사람은 6년 동안 함께 지냈다. 그동안 남자는 여자를 자주 때렸다. 그로 인해 기소유예를 받은 적이 있었다. 그러고도 또 여자를 때려 집행유예 기간 중이었던 그날, 여자는 남자에게 이렇게 말했다고 한다. "당신의 큰어머니와 사촌 누나가 먼저 세상을 떠난 당신 부모님을 대신해 당신을 키워주었고, 힘들게 살아온 만큼 더욱더 잘 살라고 했는데, 왜 이렇게 망가졌느냐." 그 말에 남자는 칼을 쥐었다. 남자에게 징역 20년이 선고됐다. 살아 있었다면 여자는 지금 43세다.

2016년 8월 24일 30세 여자의 삶이 끝났다. 두 사람은 동거 중이었다. 남자는 늦게 귀가하는 여자에게 불만을 품었다. 남자는 여자를 질책했고 여자는 헤어지자고 했다. 남자가 다시 주먹을 들었다. 그동안 여러 차례 여자를 때린 남자였다. 그날의 폭행은 더욱 심각했다. 여자는 아는 사람의 집으로 피신했지만 그곳에서 죽음을 맞았다. 남자와 사귄 지 8개월 만이었다. 재판부는 남자에게 징역 6년을 선고했다. 살아 있었다면 여자는 지금 35세다.

2016년 9월 4일 26세 여자의 삶이 끝났다. 여자는 호프집 사장이었고 남자와는 손님으로 알게 됐다. 교제한 지 4개월 후 여자는 남자와 헤어지려고 했다. 그날 남자는 호프집 옥상에서 여자를 기다렸고 여자가 헤어지자고 말하자 죽였다. 재판부는 남자에게 징역 17년을 선고했다. 살아 있었다면 여자는 지금 31세다.

2016년 9월 7일 55세 여자의 삶이 끝났다. 1심 판결문에는 이렇게 적혀 있다. "피고인은 알 수 없는 이유로 피해자를 찔러 피해자를 그 자리에서 사망하게 했다." 3년 8개월 동안 이어졌던 두 사람의 동거도 끝났다. 남자에게 징역 13년이 선고됐다. 살아 있었다면 여자는 지금 60세다.

2016년 9월 13일 47세 여자의 삶이 끝났다. "헤어졌으면 좋겠다." 남자에게 여자가 한 마지막 말이었다. 남자는 여자를 죽였고 사체를 유기했다. 남자에게 징역 14년이 선고됐다. 살아 있었다면 여자는 지금 52세다.

2016년 9월 30일 52세 여자의 삶이 끝났다. 7년 동안 함께 살았던 남자에게 칼에 찔려 죽었다. 술에 취한 여자가 욕설을 해 격분했다고 남자는 주장했다. 남자에게는 주취 폭력 전과가 여럿 있었다. 재판부는 남자에게 징역 15년을 선고했다. 살아 있었다면 여자는 지금 57세다.

2016년 10월 2일 25세 여자의 삶이 끝났다. 그날은 비가 내렸다. 함께 식사를 하다가 다툰 여자가 집으로 가려고 했다. 사과를 받아주지 않자 남자는 들고 있던 우산을 여자에게 힘껏 던졌다. 1심 재판부는 남자에게 징역 4년을 선고했다. 2심 재판부는 남자에게 징역 3년에 집행유예 4년을 선고했다. 여자 가족에게 합의금 2억 원을 지급한 점이 특히 유리한 정상으로 참작됐다. 남자는 자유의 몸이 됐다. 살아 있었다면 여자는 지금 30세다.

2016년 10월 3일 55세 여자의 삶이 끝났다. 두 사람은 2010년부터 함께 살았다. 2013년 남자가 손에 칼을 들고 여자를 협박했다. 재판부는 징역 8개월에 집행유예 2년을 선고했다. 그로부터 3개월 후 남자는 여자에게 다시 칼을 들이댔다. 재판부는 남자에게 징역 8개월을 선고했다. 감옥에서 나온 남자의 폭행은 멈추지 않았다. 여자를 때리고 목을 조르며 "너를 죽이고 교도소에 가야겠다"고 했다. 112에 신고하는 여자에게 침을 뱉었다. 그리고 경찰서에서 조사를 받고 돌아온 남자는 여자를 칼로 찔렀다. 재판에서 남자는 심신미약을 주장했다. 술이 죄라는 말이었다. 남자에게 징역 15년이 선고됐다. 살아 있었다면 여자는 지금 60세다.

2016년 10월 5일 45세 여자의 삶이 끝났다. 그 남자와 사귄 지 5개월 만에 빌려준 돈을 갚지 않는다고 목이 졸렸다. 여자를 죽인 남자는 보험회사에 전화를 걸었다. 여자가 자살했을 경우 얼마의 보험금을 받을 수 있는지 물었다. 재판부는 남자에게 징역 17년을 선고했다. 살아 있었다면 여자는 지금 50세다.

2016년 10월 6일 41세 여자의 삶이 끝났다. 5년 동안 함께 살던 남자와 집에서 술을 마시다가 목이 졸렸다. 여자 문제로 핀잔을 들었다고 여자의 목을 두 차례나 졸랐다. 남자에게 징역 10년이 선고됐다. 살아 있었 다면 여자는 지금 46세다.

2016년 10월 19일 43세 여자의 삶이 끝났다. 그 남자와 사귄 지 7개월도 되지 않아 돈 문제로 다투다가 남자의 칼에 찔려 숨을 거뒀다. 남자에게 징역 12년이 선고됐다. 살아 있었다면 여자는 지금 48세다.

2016년 10월 25일 60세 여자의 삶이 끝났다. 13년 동안 함께 지내던 남자에 의해 삶이 끝났다. 술 먹고 난동을 부리지 않겠다는 각서까지 쓴 남자였지만, 술만 마시면 주먹이나 허리띠로 실신할 때까지 여자를 때렸다. 사건 넉 달 전 "죽어서 만나자. 하늘에서 만나자"는 협박 문자를 여자에게 보내기도 했다. 남자는 재판에서 말다툼 도중 여자가 자신을 향해 달려들다 칼에 찔려 사망한 것이라고 변명했다. 재판부는 남자에게 징역 15년을 선고했다. 살아 있었다면 여자는 지금 65세다.

2016년 10월 31일 32세 여자의 삶이 끝났다. 살아 있었다면 여자는 지금 태국에 있을지 모른다. 여자는 돈을 벌러 한국에 왔다. 여자의 노트를 남자가 몰래 보면서 다툼이 일어났다. 여자는 헤어지자고 했다. 남자는 여자의 목을 졸랐다. 그리고 96킬로미터 떨어진 야산에 시신을 유기했다. 시신이 발견된 것은 7개월이 지난 뒤였다. 고향에는 여자의 아이들이 기다리고 있었다. 재판부는 남자에게 징역 15년을 선고했다. 살아 있었다면 여자는 지금 37세다.

2016년 11월 7일 59세 여자의 삶이 끝났다. 여자의 시신은 남자의 집 마당에서 발견됐다. 두 사람은 1년 4개월 동안 함께 살았다. 살인에 쓰인 흉기는 여자가 쓰던 과도였다. 그날 여자는 남자에게 감을 깎아주고 있었다. 남자에게 징역 15년이 선고됐다. 살아 있었다면 여자는 지금 64세다.

2016년 11월 9일 55세 여자의 삶이 끝났다. 말다툼을 하던 남자는 목소리가 듣기 싫다는 이유로 여자의 입을 막고 목을 졸랐다. 그 남자와 사귄 지 두 달 만에 여자의 삶이 끝났다. 남자에게 징역 12년이 선고됐다. 살아 있었다면 여자는 지금 60세다.

2016년 11월 20일 42세 여자의 삶이 끝났다. 남자는 여자의 가족과 함께 살고 있었다. 술을 마시다가 남자는 여자의 동생과 다퉜고 그 다툼이 여자에게 옮겨붙었다. 남매와의 다툼에 격분한 남자는 깨진 소주병과 칼을 들었다. 재판부는 남자에게 징역 12년을 선고했다. 살아 있었다면 여자는 지금 47세다.

2016년 11월 24일 44세 여자의 삶이 끝났다. 여자는 1년 정도 사귄 남자와 헤어지려고 했다. 남자는 "완전 망가뜨린다"는 문자를 보냈다. "너가 먼저 죽는다"고 문자를 보냈다. 여자는 남자를 경찰에 신고했다. 경찰서에서 조사를 받고 나온 남자는 여자에게 불산을 뿌렸다. 남자에게 징역 20년이 선고됐다. 살아 있었다면 여자는 지금 49세다.

2016년 12월 3일 49세 여자의 삶이 끝났다. 8년 동안 지속된 내연 관계가 죽음으로 끝난 것은 사소한 말다툼 때문이었다. 남자는 자기의 전 여자친구를 욕했다는 이유로 여자의 목을 졸랐다. 3시간 후 남자는 어느 다리 위에 있었다. 시신을 바다로 떨어뜨렸다. 남자에게 징역 15년이 선고됐다. 살아 있었다면 여자는 지금 54세다.

2016년 12월 16일 38세 여자의 삶이 끝났다. 사귄 지 한 달 후 여자는 남자에게 헤어지자고 했다. 남자는 여자를 칼로 찔렀다. 재판부는 남자에게 징역 16년을 선고했다. 살아 있었다면 여자는 지금 43세다.

2017년

2017년 1월 9일 35세 여자의 삶이 끝났다. 여자의 집에서 동거하던 남자는 일을 그만두고 스포츠토토에 손을 댔다. 여자에게 돈을 빌리고 폭언을 하고 폭행까지 했다. 여자는 헤어지자고 했다. 남자의 지속적인 폭행을 더는 견딜 수 없었다. 남자는 "사람 아닌 것은 맞아서 죽는 거 아냐"라며 협박했다. 남자는 집의 창문을 깨고 들어왔다. 여자는 경찰에 신고했다. 남자는 조사를 받고 나와 3시간 뒤 여자를 때려죽였다. 재판부는 남자에게 징역 16년을 선고했다. 살아 있었다면 여자는 지금 39세다.

2017년 1월 20일 34세 여자의 삶이 끝났다. 남자는 여자가 다른 사람들의 싸움을 말렸다는 이유로 화를 냈다. 남자는 여자의 핸드백, 옷, 신발을 문밖으로 던지고 문을 잠갔다. 여자가 대항하자 얼굴과 머리를 수차례 때렸다. 결국 손으로 목을 졸라 죽였다. 남자에게 징역 10년이 선고됐다. 살아 있었다면 여자는 지금 38세다.

2017년 2월 3일 54세 여자의 삶이 끝났다. 여자는 여러 차례 이별을 통보했지만 남자는 농약을 들이밀며 "죽어버리겠다"고 협박했다. 여자를 차에 태워 감금하려고 하다가 기소되기도 했다. 여자가 여행을 떠나자 남자는 여자의 집 앞에서 기다리다가 괭이로 가격했다. 정신을 잃은 여자를 차에 태워 묶은 후 돌로 여자의 머리를 내려쳤다. 차에 감금된 지

3시간 만에 여자는 숨을 거뒀다. 남자에게 징역 30년이 선고됐다. 살아 있었다면 여자는 지금 58세다.

2017년 2월 4일 41세 여자의 삶이 끝났다. 여자는 헤어지자고 했고 남자는 받아들이지 않았다. 남자는 여자가 운영하는 식당에 찾아와 시비를 걸었다. 남자는 주방에 있던 칼을 들었다. 남자에게 징역 20년이 선고됐다. 살아 있었다면 여자는 지금 45세다.

2017년 2월 8일 49세 여자의 삶이 끝났다. 두 사람은 2015년부터 내연 관계를 유지했다. 남자는 여자에게 돈을 빌렸고 여자는 딸의 등록금을 내야 한다며 돈을 갚으라고 했다. 남자는 지속적인 변제 독촉과 여자가 술을 마시며 다른 사람들과 어울려 다니는 것에 불만을 품었다고 했다. 그날 두 사람은 함께 술을 마셨다. 남자는 여자에게 "남자관계를 정리하라"고 했다. 말다툼이 이어졌다. 남자는 바닥에 있던 전선을 여자의 목에 감았다. 남자에게 징역 17년이 선고됐다. 살아 있었다면 여자는 지금 53세다.

2017년 2월 16일 55세 여자의 삶이 끝났다. 남자는 여자가 다른 남자를 만난다고 의심했다. 그날도 두 사람 사이에 다툼이 일어났다. 다투는 도중 여자에게 전화가 걸려 왔다. 여자가 전화를 받지 않자 남자의 의심은 확신으로 변했다. 남자는 식탁 위에 있던 칼을 들었다. 여자에게 "바람을 피웠는지 솔직하게 말하지 않으면 찌르겠다"고 협박했다. 그리고 찔렀다. 남자에게 징역 12년이 선고됐다. 살아 있었다면 여자는 지금 59세다.

2017년 3월 16일 35세 여자의 삶이 끝났다. 남자는 여자의 집에서 함께 살았다. 남자는 동호회에서 만난 지인에게 자신을 사업가라고 속이고 30회에 걸쳐 3억 5000만 원이 넘는 돈을 빌렸다. 지인이 돈을 갚으라고 요구하자 자신의 사기 범행이 드러날까 봐 압박감을 느끼고 있었는데 이런 사정을 모르는 여자가 고가의 물건을 사달라고 해서 헤어질 결심을 했다고 남자는 주장했다. 결혼까지 생각했던 여자는 반대했다. 그날 여자가 자살하려고 했다고 남자는 주장했다. 같이 죽을 생각에 여자의 목을 졸랐다고 했다. 하지만 여자를 죽인 남자는 여자의 휴대폰으로 주변인에게 연락을 취해 마치 여자가 살아 있는 것처럼 가장했다. 여자의 물건을 팔아 도피 자금으로 사용했다. 남자에게 징역 15년이 선고됐다. 살아 있었다면 여자는 지금 39세다.

2017년 3월 25일 50세 여자의 삶이 끝났다. 남자와 여자는 11년 전 헤어진 사이였다. 하지만 남자는 알 수 없는 이유로 여자와의 대화를 집요하게 요구했다. 여자는 거부했다. 그날 남자는 여자가 운전하는 버스를 탔다. 버스 차고지에 이르러 승객들이 모두 하차하자 남자는 다시 여자에게 대화를 요구했다. 여자가 응하지 않자 남자는 갖고 있던 휘발유를 여자에게 쏟아붓고 불을 붙였다. 12일 후 여자는 패혈증 쇼크로 숨을 거뒀다. 남자는 같이 죽으려고 했다고 주장했다. 남자에게 징역 25년이 선고됐다. 살아 있었다면 여자는 지금 54세다.

2017년 3월 30일 47세 여자의 삶이 끝났다. 6년 전부터 사귄 남자와 여자는 음주 문제로 말다툼이 잦았다. 그날도 남자와 여자는 소주를 나눠 마셨고 다툼이 시작됐다. 남자는 여자의 머리채를 잡아 흔들고 양손으로 여자를 때렸다. 여자의 눈, 이마에 선명하고 큰 피멍이 발견될 정도로 무자비한 폭력이 이어졌다. 여자는 바닥에 쓰러졌고 남자는 여자를 방치했다. 남자에게 징역 9년이 선고됐다. 살아 있었다면 여자는 지금

51세다.

2017년 4월 2일 39세 여자의 삶이 끝났다. 두 사람은 헤어졌다가 다시 만난 사이였다. 그날 남자와 여자는 횟집에서 술을 마셨다. 남자는 여자가 술에 취했다는 이유로 화를 냈다. 남자는 집에서 여자를 주먹으로 때렸고, 주방에 있던 부엌칼로 찔렀다. 남자는 "기억이 나지 않는다", "술에 취해 심신미약 상태에 있었다"고 주장했다. 남자에게 징역 15년이 선고됐다. 살아 있었다면 여자는 지금 43세다.

2017년 4월 3일 49세 여자의 삶이 끝났다. 두 사람은 5년째 동거 중이었고 남자는 여자를 상습적으로 때렸다. 그날도 남자는 집에 늦게 들어왔다는 이유로 여자를 죽음에 이를 때까지 때렸다. 재판에서 남자는 무죄를 주장했다. "피해자가 술에 취해 옷을 갈아입히고 함께 잤을 뿐"이라고 했다. 하지만 그날 여자를 태운 택시기사는 여자가 상세하게 길을 안내했고 술 냄새도 많이 나지 않았다고 증언했다. 재판부는 여자의 옷을 빨아 범행 흔적을 지우려고 한 가능성을 배제할 수 없다며 남자에게 징역 4년을 선고했다. 살아 있었다면 여자는 지금 53세다.

2017년 4월 6일 49세 여자의 삶이 끝났다. 2015년 헤어진 남자와 여자는 그날 오랜만에 만나 함께 술을 마셨다. 말다툼이 벌어졌다. 남자는 목을 졸라 여자를 살해했다. 남자는 14일이 지나 여행용 가방에 여자의 사체를 담아 공터에 버렸다. 남자에게 징역 15년이 선고됐다. 살아 있었다면 여자는 지금 53세다.

2017년 5월 16일 64세 여자의 삶이 끝났다. 여자는 술에 취해 수시로 행패를 부리는 남자에게 더 이상의 교제를 거부했다. 남자는 집요했다.

2007년 헤어진 뒤에도 여자에게 계속 연락했다. 그리고 2017년 그날, 남자는 여자를 집 앞에서 기다렸다. 집으로 들어서는 여자를 수차례 칼로 찔렀다. 여자의 아들이 엄마의 피해 상황을 목격했다. 남자에게 징역 20년이 선고됐다. 살아 있었다면 여자는 지금 68세다.

2017년 6월 14일 37세 여자의 삶이 끝났다. 남자와는 직장 동료였다. 사귄 지 한 달 후 여자는 헤어지자고 했고 남자는 거부했다. 남자는 여자가 퇴근하는 길목에 위치한 공원으로 여자를 데려갔다. 여자가 집으로 가려 하자 남자는 식칼을 꺼냈다. 여자가 비명을 지르며 도움을 요청하자 남자는 칼로 여자를 찔렀다. 도주했던 남자는 다시 범행 현장으로 돌아와 아직 살아 있는 여자를 발로 걷어차고 여자의 가방을 가져갔다. 여자는 결국 죽었다. 남자에게 징역 22년이 선고됐다. 살아 있었다면 여자는 지금 41세다.

2017년 6월 17일 55세 여자의 삶이 끝났다. 여자와 남자는 2015년부터 교제했다. 두 사람은 한 친목회에서 함께 어울렸는데, 어느 날 여자가 다른 회원과 말다툼을 했고 그 다툼이 두 사람에게로 번졌다. 화가 난 남자는 여자의 뺨을 때려 넘어뜨린 후 전신을 짓밟았다. 여자는 다발성 장기손상으로 사망했다. 남자는 피해자 가족에게 3000만 원을 합의금으로 내놨다. 1심 재판에서 남자에게 징역 7년이 선고됐다. 남자는 추가 합의금으로 5000만 원을 더 피해자 가족에게 지급하기로 했다. 2심 재판부는 남자에게 징역 5년을 선고했다. 살아 있었다면 여자는 지금 59세다.

2017년 6월 23일 39세 여자의 삶이 끝났다. 두 사람은 결혼을 약속한 사이였다. 남자는 여자가 술을 마시고 집 정리를 잘하지 않아 말다툼이 벌어졌다고 주장했다. 남자는 여자를 넘어뜨린 후 골프채로 때렸다. 병원에서 치료받던 여자는 3일 만에 숨졌다. 남자에게 징역 5년이 선고됐다. 살아 있었다면 여자는 지금 43세다.

2017년 6월 26일 20세 여자의 삶이 끝났다. 여자와 남자는 사춘기 때 잠깐 만난 사이였다. 성인이 돼 그들은 다시 교제를 시작했다. 3개월을 교제하고 동거에 들어갔지만 곧 여자는 남자에게 헤어지자고 했다. 남자는 받아들이지 않았고 여자의 선택은 바뀌지 않았다. 그날 남자는 늦게 집에 돌아왔다. 자신의 짐이 베란다에 놓여 있어 격분했다고 남자는 주장했다. 남자는 여자의 목을 졸랐다. 그리고 사체를 업고 500미터 정도를 이동해 유기했다. 남자는 재판 과정에서 우울증을 심신미약의 이유로 내세우며 범행을 부인했다. 재판부는 받아들이지 않고 남자에게 징역 20년을 선고했다. 살아 있었다면 여자는 지금 24세다.

2017년 7월 4일 57세 여자의 삶이 끝났다. 두 사람은 사업 관계로 거래하다 연인으로 발전했다. 남자는 사업을 그만두고 여자의 일을 도우며 7년을 함께 살았다. 여자도 류마티스 관절염과 척추 협착증 때문에 사업을 계속할 수 없었다. 남자는 취업을 했지만 교통사고로 일을 그만뒀다. 생계가 막막해진 두 사람은 갈등이 깊어졌다. 그날 말다툼이 일어났고 남자는 여자가 자신을 무시한다는 이유로 칼을 들었다. 남자에게 징역 15년이 선고됐다. 살아 있었다면 여자는 지금 61세다.

2017년 7월 14일 22세 여자의 삶이 끝났다. 남자는 A의 친구 B에게 불만을 품었다고 했다. 남자와 교제 중이던 A는 2017년 6월 뇌출혈로 사망했는데, 사망 직전 A와 B가 크게 다퉜다는 말을 A의 장례를 치르는 과정에서 전해 들었다고 남자는 주장했다. 남자는 A가 B 때문에 죽었다고 생각해 살인을 계획했다고 주장했다. B는 2015년 남자와 잠시 교제한 사이였다. 함께 캠핑을 가자고 B를 유인한 남자는 여자를 망치로 죽였다. 6개월 뒤 남자는 또 다른 여자 C를 죽였다. 채무 관계로 말다툼을 하다가 A에 대해 모욕적인 말을 했다는 이유로 남자는 C의 목을 졸랐다. 12월 19일 23세 여자의 삶이 끝났다. 남자에게 무기징역이 선고됐다. 살아 있었다면 두 여자는 지금 26세, 27세다.

2017년 7월 20일 54세 여자의 삶이 끝났다. 남자와 여자는 6년 전부터 동거를 했다. 경제적 형편이 어려워지면서 다툼이 잦아졌다. 집이 두 채라던 남자의 거짓말이 드러나면서 두 사람의 관계는 더 악화됐다. 그날도 다툼이 일어났다. 남자는 주먹으로 여자를 때리고 휘발유를 뿌렸다. 여자의 온몸에 불이 붙었다. 전신에 화상을 입은 여자는 이틀 뒤 사망했다. 남자에게 징역 20년이 선고됐다. 살아 있었다면 여자는 지금 58세다.

2017년 7월 23일 52세 여자의 삶이 끝났다. 남자는 두 달 전부터 여자의 집에서 동거하고 있었다. 함께 술을 마시고 집에 돌아오던 중 여자는 남자에게 헤어지자고 했다. 새벽까지 남자는 여자의 온몸을 때리고 집 안에 있던 전기밥솥, 선풍기, 커피포트를 던졌다. 여자는 그 자리에서 죽었다. 남자에게 징역 8년이 선고됐다. 살아 있었다면 여자는 지금 56세다.

2017년 7월 27일 46세 여자의 삶이 끝났다. 4년 넘게 교제해온 남자는 여자에게 다른 남자가 있다고 의심했다. 여자를 다그치던 중 여자의 머리채를 잡아 머리카락이 뭉치째 빠질 정도로 흔들었다. 여자의 얼굴과 머리를 10회 이상 때렸다. 열흘 뒤 여자는 병원 중환자실에서 숨을 거뒀다. 남자는 여자 가족에게 합의금 9000만 원을 지급했다. 1심 재판부는 남자에게 징역 3년에 집행유예 4년을 선고했다. 검사는 항소했다. 남자는 3000만 원을 더 내놓았다. 하지만 2심 재판부는 남자에게 징역 2년을 선고했다. 살아 있었다면 여자는 지금 50세다.

2017년 8월 4일 43세 여자의 삶이 끝났다. 그날 여자는 다른 남자와 함께 있었고 여자의 집에 갔다가 그 모습을 본 남자는 격분했다. 드라이버로 유리창을 깨고 침입한 남자는 여자의 머리를 발로 걷어찼다. 쓰러진 여자의 머리를 짓밟았다. 여자는 구급차에 실려 병원에 갔다가 퇴원했지만 다음 날 아침 피를 토했다. 닷새 만에 여자는 숨을 거뒀다. 남자에게 징역 5년이 선고됐다. 살아 있었다면 여자는 지금 47세다.

2017년 8월 18일 50세 여자의 삶이 끝났다. 남자는 살인자였다. 1989년 배우자의 목을 졸라 살해해 무기징역을 선고받고 복역하다가 2007년 10월 가석방됐다. 세상에 돌아온 지 3년도 되지 않아 남자는 다시 범죄를 저질렀다. 2010년 1월 연인을 감금했고 강간했다. 남자는 징역 5년을 선고받고 2014년 10월 출소했다. 2016년 8월 남자는 또 다른 여자와 교제를 시작했다. 남자는 말다툼을 하다가 여자의 목을 베었다. 남자에게 무기징역이 선고됐다. 살아 있었다면 여자는 지금 54세다.

2017년 8월 21일 55세 여자의 삶이 끝났다. 여자는 식당을 운영하고 있었다. 일정한 직업이 없던 남자는 여자의 일을 도와주며 11년간 함께 살았다. 남자는 술에 취하면 행패를 부리는 일이 잦았다. 여자는 남자에게 헤어지자고 했다. 남자는 위자료를 달라고 했다. 남자는 원하는 액수만큼 받지 못하자 오랜 시간 자신이 이용당하고 쫓겨났다면서 돈을 더 요구했다. 여자는 응하지 않았다. 남자는 여자를 찾아가 이야기를 나누다가 미리 숨겨둔 칼을 꺼내 들었다. 여자는 놀라 도망쳤다. 도로에서 남자는 칼을 휘둘렀다. 범행 현장을 떠난 남자는 돼지국밥집에서 술과 국밥을 먹었다. 남자에게 징역 25년이 선고됐다. 살아 있었다면 여자는 지금 59세다.

2017년 9월 6일 31세 여자의 삶이 끝났다. 그날 남자는 갑자기 화가 난다는 이유로 여자의 배를 때렸다. 병원으로 옮겨진 여자는 2시간 만에 숨을 거뒀다. 1심 재판부는 남자에게 징역 4년을 선고했다. 2심 재판부는 남자에게 징역 7년을 선고했다. 살아 있었다면 여자는 지금 35세다.

2017년 9월 7일 20세 여자의 삶이 끝났다. 헤어지자고 했을 뿐인데 10개월을 사귄 남자가 칼을 들었다. 남자에게 징역 10년이 선고됐다. 살아 있었다면 여자는 지금 24세다.

2017년 11월 2일 56세 여자의 삶이 끝났다. 두 사람은 2011년부터 만남을 가졌고 2015년부터 여자의 집에서 함께 살았다. 경제적으로 곤궁했던 두 사람은 금전 문제로 자주 다퉜다. 그러다 집을 떠났던 남자가 다시 여자를 찾아왔다. 두 사람은 함께 술을 마시고 집으로 갔다. 남자는 여자를 둔기로 내리치고 미리 준비한 칼로 목을 베었다. 여자의 몸에서는 수면제 성분이 검출됐다. 남자에게 징역 22년이 선고됐다. 살아 있었다면 여자는 지금 60세다.

2017년 11월 5일 41세 여자의 삶이 끝났다. 남자에게는 만나는 여자가 또 있었다. 그로 인해 두 사람은 다툼이 잦았다. 그날 남자의 손에는 소주병이 들려 있었다. 여자의 얼굴과 머리를 내리쳤다. 다른 소주병을 다시 들었다. 그렇게 여섯 차례에 걸쳐 여자의 생명을 앗아갔다. 남자에게 징역 15년이 선고됐다. 살아 있었다면 여자는 지금 45세다.

2017년 11월 23일 35세 여자의 삶이 끝났다. 남자와 여자는 서로의 이성 관계를 의심해 자주 다퉜다. 다툼은 남자의 폭력으로 이어졌다. 여자를 감금하고 협박한 남자는 집행유예를 받기도 했다. 여자를 집에 있는 철제 금고에 묶어놓고 폭행했던 남자는 그로 인해 수사가 진행 중이었던 그날, 여자의 목을 졸랐다. 1심 재판부는 남자에게 징역 17년을 선고했다. 검사는 항소했다. 2심 재판부는 남자에게 징역 23년을 선고했다. 살아 있었다면 여자는 지금 39세다.

2017년 11월 25일 45세 여자의 삶이 끝났다. 남자는 자신의 점퍼 주머니에서 칼을 꺼내 여자를 살해했다. 그리고 함께 투숙한 모텔 방에서 여자의 시신을 방치한 채 3일을 더 보냈다. 남자에게 징역 25년이 선고됐다. 살아 있었다면 여자는 지금 49세다.

2017년 12월 11일 41세 여자의 삶이 끝났다. 여자는 일주일을 그 남자에게서 벗어나 있었다. 여자가 집에 돌아오자 남자는 여자의 행적을 캐물었다. 그리고 때렸다. 남자는 다시 캐물었다. 또 때렸다. 남자는 여자의 목을 졸랐다. 사흘 후 여자는 병원에서 사망했다. 재판부는 남자에게 징역 3년 6개월을 선고했다. 살아 있었다면 여자는 지금 45세다.

2018년

2018년 1월 4일 49세 여자의 삶이 끝났다. 남자는 여자의 남자관계를 의심하며 괴롭혔고 여자는 남자의 연락을 피했다. 그러자 남자는 여자의 딸에게도 위해를 가하겠다고 협박했다. 그날 남자는 여자의 집 앞에서 기다렸다. 그리고 결국 커피숍에서 만나기로 했다. 소매에 칼을 숨긴 남자는 "계속 만나자"고 했고 여자는 "그만 만나자"고 했다. 남자는 여자를 칼로 찔렀다. 남자에게 징역 25년이 선고됐다. 살아 있었다면 여자는 지금 52세다.

2018년 1월 7일 36세 여자의 삶이 끝났다. 한 달쯤 만났을 뿐인데 남자는 여자가 다른 남자를 만나는 게 아닌지 계속 의심했다. 여자는 이별을 통보했다. 남자는 일방적으로 여자의 집 앞에 찾아가 다시 만나달라며 여자를 괴롭혔다. 남자는 여자의 집 비밀번호를 누르고 들어오려고 했고, 만나주지 않으면 뛰어내리겠다며 위협했다. 남자는 일방적으로 "모텔로 오라"고 했고, 남자의 반복되는 행동에 지친 여자는 어쩔 수 없이 모텔로 갔다. 남자는 칼을 들이대며 5시간 동안 여자를 위협했다. 여자는 겁을 먹고 베란다 쪽으로 나갔다. 몸을 피하던 중 난간을 잡고 있던 손을 놓쳐 추락해 사망했다. 남자에게 징역 10년이 선고됐다. 살아 있었다면 여자는 지금 39세다.

2018년 1월 20일 32세 여자의 삶이 끝났다. 두 사람은 내연 관계였다. 남자의 아내가 그 사실을 알게 되자 두 사람은 사귄 지 1년 5개월 만에 헤어졌다. 헤어진 후에도 두 사람은 전화나 문자메시지로 서로 욕설을 하거나 비난을 하는 일이 잦았다. 그날 두 사람은 오랜만에 만나 술을 마셨다. 하지만 말다툼이 일어났고 남자는 결국 여자의 목을 졸라 살해했다. 1심 재판부는 남자에게 징역 12년을 선고했다. 남자는 여자 가족에게 합의금으로 5000만 원을 줬다. 2심 재판부는 남자에게 징역 7년을 선고했다. 살아 있었다면 여자는 지금 35세다.

2018년 2월 2일 38세 여자의 삶이 끝났다. 2016년 헤어진 두 사람은 2017년 다시 만났다. 그날 술에 취한 남자가 여자를 찾아갔다. 남자는 대화를 하다가 자존심이 상했다는 이유로 여자의 목을 졸랐다. 재판부는 남자에게 징역 12년을 선고했다. 살아 있었다면 여자는 지금 41세다.

2018년 2월 5일 46세 여자의 삶이 끝났다. 두 사람은 지인 소개로 만나 교제를 하다가 함께 주점을 열었다. 남자는 여자가 손님과 함께 외출하는 일이 잦아 불만이었다고 주장했다. 남자는 가게를 태워버리려고 했다. 그날도 같은 이유로 다투던 남자는 미리 사둔 휘발유를 여자 몸에 뿌렸다. 라이터로 불을 붙였다. 재판부는 남자에게 징역 25년을 선고했다. 살아 있었다면 여자는 지금 49세다.

2018년 3월 2일 한 여자의 삶이 끝났다. 남자에게는 아내가 있었다. 남자는 여자와 사귀면서 조만간 혼인 관계를 정리하겠다고 했다. 여자는 관계 정리를 지속적으로 요구했고 남자와 자주 다퉜다고 한다. 그날 남자는 여자의 목을 졸랐다. 두 사람의 관계를 폭로하겠다는 여자의 말에 격분했다고 남자는 주장했다. 남자는 여자의 시신을 차 트렁크에 유기했다. 남자에게 징역 15년이 선고됐다. 살아 있었다면 여자는 지금 몇 살일까.

2018년 3월 18일 45세 여자의 삶이 끝났다. 남자는 여자에게 함께 살자고 했다. 여자는 일 때문에 그렇게 할 수 없다고 거절했다. 그날도 말다툼이 벌어졌다. 남자는 여자를 칼로 찔렀다. "아무 관계도 아닌데 왜 간섭하느냐"는 여자의 말에 남자는 격분했다고 주장했다. 남자에게 징역 15년이 선고됐다. 살아 있었다면 여자는 지금 48세다.

2018년 4월 1일 25세 여자의 삶이 끝났다. 여자와 남자는 3개월간 만나고 헤어졌다. 남자가 여자의 휴대폰을 숨기고 약속 시간을 잘 안 지키면서 자주 다퉜다. 남자는 자살하겠다고 위협하고 여자를 귀가하지 못하게 하는 등 집착했다. 자신이 쓴 유서를 여자의 직장 고용주에게 보내기도 했다. 남자는 여자의 숙소에도 침입했다. "나가지 않으면 소리를 지르겠다"는 여자의 입을 막고 목을 눌렀다. 남자는 범행 후 항공편을 검색해 예약까지 했다. 재판부는 남자에게 징역 20년을 선고했다. 살아 있었다면 여자는 지금 28세다.

2018년 4월 5일 54세 여자의 삶이 끝났다. 남자는 여자의 외도를 의심했다. "신경 쓰지 마라"는 여자에 말에 남자는 칼로 여자를 찔렀다. 남자는 자살할 생각으로 농약을 사서 집으로 돌아왔다. 남자는 아직 살아 있는 여자를 벽돌로 내리쳐 살해했다. 남자에게 징역 20년이 선고됐다. 살아 있었다면 여자는 지금 57세다.

2018년 4월 13일 36세 여자의 삶이 끝났다. 2017년 2월 헤어진 남자는 계속 여자를 찾아왔다. 여자의 집까지 침입했다. 이 일로 벌금형을 받은 남자는 앙심을 품었다. 회칼을 구입한 후 여자의 집 앞 주차장에서 여자를 기다렸다. 남자는 차에 탄 여자의 복부를 칼로 찔렀다. 여자의 곁에는 다섯 살 아들도 함께 있었다. 아들은 애원했다. "하지 마세요." 남자에게 징역 20년이 선고됐다. 살아 있었다면 여자는 지금 39세다.

2018년 4월 20일 57세 여자의 삶이 끝났다. 두 사람은 1년 8개월 동안 함께 지냈다. 그날 남자는 여자와 함께 노래방에서 놀다가 먼저 귀가했다. 뒤늦게 집에 돌아온 여자와 말다툼이 벌어졌다. 남자는 여자의 얼굴을 때리고 문밖 복도로 끌고 나갔다. 여자는 실신한 상태였다. 다시 여자를 집으로 끌고 들어와 발로 걷어찼다. 남자는 고통을 호소하는 여자를 그대로 방치했다. 재판부는 남자에게 징역 4년을 선고했다. 살아 있었다면 여자는 지금 60세다.

2018년 5월 3일 59세 여자의 삶이 끝났다. 여자와 남자는 지인의 소개로 교제를 시작한 뒤 함께 살았다. 남자는 자신의 명의로 대출을 받아 여자에게 돈을 빌려줬다. 여자가 돈을 갚지 않아 불만을 품고 있었는데 그날 여자가 또 돈을 빌려달라고 했다는 게 남자의 주장이다. 남자는 여자를 칼로 찌르고 자살을 시도했다. 남자에게 징역 13년이 선고됐다. 살아 있었다면 여자는 지금 62세다.

2018년 5월 4일 35세 여자의 삶이 끝났다. 남자는 여자를 상습적으로 때렸다. 남자는 2017년 7월부터 2018년 4월까지 여자를 때린 혐의로 아홉 번이나 형사 입건됐다. 2017년 12월 남자는 여자의 등을 가위로 찔러 입건되기도 했다. 여자는 처벌불원 탄원서를 법원에 제출했고 남자는 구속을 면했다. 두 사람은 경제적으로 매우 어려웠다. 그날 다시 일을 하겠다는 여자를 남자는 칼로 찔렀다. 남자는 과다한 음주로 인한 심신미약을 주장했다. 재판부는 남자에게 징역 17년을 선고했다. 살아 있었다면 여자는 지금 38세다.

2018년 5월 11일 46세 여자의 삶이 끝났다. 남자는 여자가 다른 남자를 만난다는 생각에 사로잡혀 여자의 가족을 위협했다. 여자가 타고 있던 자동차에 불을 질렀다. 일거수일투족을 감시했다. 여자는 연락을 피했다. 여자가 다시 만나주지 않는다는 이유로 남자는 여자를 죽이기로 마음먹었다. 남자는 여자의 아파트로 갔다. 두 사람은 엘리베이터에서 마주쳤다. 남자는 칼로 위협해 여자를 자신의 차에 태웠다. 여자는 "살려주세요"라고 외치며 차에서 탈출하려고 했다. 남자는 여자의 목을 베었다. 남자에게 징역 25년이 선고됐다. 살아 있었다면 여자는 지금 49세다.

2018년 5월 15일 57세 여자의 삶이 끝났다. 살인자는 내연 관계에 있던 남자였다. 교제를 시작하고 다투는 일이 잦았다. 그날도 두 사람은 승용차 안에서 다퉜고 남자는 여자의 목을 졸랐다. 재판부는 남자에게 징역 15년을 선고했다. 살아 있었다면 여자는 지금 60세다.

2018년 5월 23일 29세 여자의 삶이 끝났다. 남자는 여자가 다른 남자와 사귀고 있다고 의심했다. 두 사람은 다퉜고 여자는 이별을 통보했다. 남자는 여자에게 집착했다. 여자가 일하는 식당에 자주 찾아갔고, 그해 크리스마스 날에는 여자의 집에 침입했다가 신고를 당하기도 했다. 남자의 집착은 멈추지 않았다. 그날 남자는 "여자와 함께 세상을 뜨겠다"는 유서를 작성했다. 회칼을 구입한 후 여자 집 앞에서 기다렸다. 남자와 마주친 여자는 칼을 보고 계단으로 도망가다 넘어지고 말았다. 남자는 20차례에 걸쳐 칼을 휘둘렀다. 남자에게 징역 25년이 선고됐다. 살아 있었다면 여자는 지금 32세다.

2018년 6월 1일 35세 여자의 삶이 끝났다. 사귄 지 3개월도 되지 않아 참혹하게 죽음을 맞았다. 그날 여자와 남자는 다퉜다. 남자는 다른 남자와의 관계를 추궁했다. 여자는 헤어지자고 했다. 남자는 칼을 들었다. 칼을 휘두른 횟수는 145회였다. 그리고 남자는 달아났다. 여자의 신용카드로 680만 원가량을 결제했다. 재판부는 남자에게 징역 25년을 선고했다. 살아 있었다면 여자는 지금 38세다.

2018년 6월 17일 46세 여자의 삶이 끝났다. 사소한 이유로 말다툼을 하던 남자가 여자를 때렸다. 여자의 배를 짓밟았다. 십이지장 파열로 입원한 여자는 병원에서 생을 마감했다. 남자에게 징역 5년이 선고됐다. 살아 있었다면 여자는 지금 49세다.

2018년 6월 25일 73세 여자의 삶이 끝났다. 사귀던 두 사람은 남자의 경제난으로 동거를 중단했다. 여자가 만나주지 않자 남자는 여자를 살해하기로 마음먹었다. 여자의 집 현관문을 파손하고 집에 침입했다. 남자는 여자가 집에 들어오자 마구 찔렀다. 남자는 치매로 인한 심신미약을 주장했다. 재판부는 남자에게 징역 20년을 선고했다. 살아 있었다면 여자는 지금 76세다.

2018년 7월 1일 38세 여자의 삶이 끝났다. 여자는 식당 종업원이었고 남자는 배를 타는 선원이었다. 두 사람은 이웃으로 알고 지내다가 2014년부터 서로 사귀게 됐다. 그날 두 사람은 모텔에서 술을 마시다 다투게 됐다. 남자가 여자를 때렸다. 실신한 여자의 목을 졸랐다. 남자에게 징역 16년이 선고됐다. 살아 있었다면 여자는 지금 41세다.

2018년 7월 4일 49세 여자의 삶이 끝났다. 여자와 남자는 5개월 동안 내연 관계로 지냈다. 그날 두 사람은 승용차 안에서 다퉜다. 여자가 차에서 내렸다. 남자의 폭행이 시작됐다. 얼굴과 머리 등을 수십 회 가격했다. 쓰러진 여자를 남자는 때리고 또 때렸다. 남자에게 징역 7년이 선고됐다. 남자는 이미 다른 여자를 강제추행해 징역 8개월에 집행유예 2년을 선고받은 상태였다. 남자의 직업은 목사였다. 살아 있었다면 여자는 지금 52세다.

2018년 7월 20일 52세 여자의 삶이 끝났다. 남자와 여자는 11개월 동안 함께 살았다. 남자의 일감이 줄어들면서 두 사람은 경제적으로 어려워졌고 다투는 일도 잦아졌다. 여자가 자신을 무시한다는 생각에 남자는 그날 여자의 목을 졸랐다. 남자는 자살을 시도했다. 재판에서 남자는 여자가 같이 죽자고 해서 그랬다고 주장했다. 남자는 그 전에도 다른 여자와 동거하면서 여자를 죽이고 자기도 죽겠다고 했다. 재판부는 남자에게 징역 14년을 선고했다. 살아 있었다면 여자는 지금 55세다.

2018년 8월 7일 52세 여자의 삶이 끝났다. 여자는 식당을 운영했다. 남자와는 손님으로 인연을 맺었다. 두 사람은 10년 동안 함께 살았다. 2018년 6월 여자는 남자에게 헤어지자고 했다. 남자는 거부했다. 여자에게 1년만 더 기다려달라고 했다. 남자는 다른 남자와 함께 있는 여자를 목격한 뒤 살인을 계획했다. 석궁 화살, 총포, 독극물, 동물 마취제… 남자가 인터넷에서 찾아본 검색어들이었다. 그리고 그날 아침 남자는 여자를 칼로 찔렀다. 여자의 휴대폰으로 문자를 보내 다른 남자를 유인했다. 그의 얼굴에 양잿물(수산화나트륨)을 뿌렸다. 달아나는 남자를 쫓아 편의점 안에서 살해했다. 남자에게 징역 30년이 선고됐다. 살아 있었다면 여자는 지금 55세다.

2018년 8월 20일 22세 여자의 삶이 끝났다. 남자는 여자가 다른 남자에게 호감을 보이는 듯한 언행을 해서 화가 났다고 했다. 남자는 여자의 머리를 주먹으로 때렸다. 쓰러진 여자에게 다가가 헤드록을 했다. 남자는 실신한 여자를 업고 가다 노상에 내려놨다. 여자가 깨어나자 넘어뜨렸다. 목을 감아 주저앉히고 또다시 여자의 얼굴과 뒤통수를 때렸다. 그렇게 여자는 참혹하게 맞아 죽었다. 1심 재판부는 남자에게 징역 6년을 선고했다. 남자는 여자 가족에게 합의금 1억 5000만 원을 건넸다. 2심 재판부는 남자에게 징역 3년에 집행유예 5년을 선고했다. 남자는 자유의 몸이 됐다. 살아 있었다면 여자는 지금 25세다.

2018년 8월 24일 53세 여자의 삶이 끝났다. 남자와 여자는 13년을 함께 살았다. 두 사람은 축사와 식당도 함께 운영했는데 축사 운영이 어려워지면서 불화가 커졌다. 두 사람은 별거를 시작했고 여자는 자신의 아들과 함께 살았다. 두 사람 사이에는 민사소송이 진행됐다. 그날 세 사람 사이에 격렬한 시비가 붙었다. 남자는 자신의 차에서 칼을 꺼내 들었다. 아들을 찌르고, 아들을 구하려는 여자를 찔렀다. 남자에게 무기징역이 선고됐다. 살아 있었다면 아들은 지금 33세다. 살아 있었다면 여자는 지금 56세다.

2018년 9월 12일 49세 여자의 삶이 끝났다. 여자와 남자는 결혼을 전제로 함께 살았다. 4개월 만에 남자가 말다툼 도중 칼을 들고 여자를 협박하는 일이 벌어졌다. 여자는 처벌을 원하지 않는다고 했고 덕분에 남자는 집행유예를 받았다. 여자는 혼인신고를 원했지만 남자는 응하지 않았다. 다툼도 잦아졌다. 10개월 후 다시 남자가 칼을 들었다. 그날 여자는 집에서 나가겠다고 했다. 남자에게 징역 13년이 선고됐다. 살아 있었다면 여자는 지금 52세다.

2018년 9월 23일 48세 여자의 삶이 끝났다. 여자는 호프집 사장이었다. 손님으로 만난 남자와 연인 관계로 발전한 여자는 교제 6개월 후 동거를 시작했다. 결혼 준비를 하면서 다투는 일이 많아졌다. 그날도 남자의 거짓말로 다투고 있었다. 남자가 칼을 들었다. 칼에 찔리면서 여자가 남긴 마지막 말은 "여보, 왜 그래"였다. 남자의 칼은 멈추지 않았다. 남자는 자살을 시도했고 일산화탄소 중독으로 왼쪽 팔다리가 마비됐다. 1심 재판부는 남자에게 징역 13년을 선고했다. 여자의 어머니는 법정에서 남자를 용서해주고 싶다는 뜻을 밝혔다. 2심 재판부는 남자에게 징역 9년을 선고했다. 살아 있었다면 여자는 지금 51세다.

2018년 9월 26일 44세 여자의 삶이 끝났다. 여자는 2년 8개월 동안 남자와 함께 살았다. 남자는 여자를 심하게 때렸다. 그날도 마찬가지였다. 여자는 의식을 잃었다. 남자는 119에 전화를 걸었지만 "여자 의식이 돌아오는 것 같다"며 신고를 취소했다. 그 후 20시간 동안 아무 조치도 취하지 않았다. 재판부는 남자에게 징역 5년을 선고했다. 살아 있었다면 여자는 지금 47세다.

2018년 9월 26일 47세 여자의 삶이 끝났다. 연인 사이였던 두 사람은 도박 문제로 자주 다퉜고 남자의 폭력은 심각해졌다. 여자를 때렸고 침대에 등유를 뿌렸다. 여자 얼굴에 침을 뱉고 칼로 위협했다. 그날도 두 사람은 다퉜다. 남자는 여자를 망치로 때렸다. 다시 등유를 뿌렸다. 남자에게 징역 25년이 선고됐다. 살아 있었다면 여자는 지금 50세다.

2018년 9월 28일 52세 여자의 삶이 끝났다. 여자는 6년 넘게 교제한 남자와 헤어지려고 했다. 그날 남자가 이야기를 하자며 자신의 집으로 여자를 불렀다. 그의 손에는 칼이 들려 있었다. 남자에게 징역 18년이 선고됐다. 살아 있었다면 여자는 지금 55세다.

2018년 10월 12일 20세 여자의 삶이 끝났다. 그날은 여자의 생일이었다. 선물을 사러 나가자는 요구를 거절했다는 이유로 남자는 여자의 목을 졸랐다. 재판에서 남자는 여자가 평소 자신을 무시했다고 주장했다. 조현병에 따른 심신미약도 강조했다. 재판부는 받아들이지 않았다. 남자가 여자의 목을 조른 시간은 20분이 넘었다. 남자에게 징역 20년이 선고됐다. 살아 있었다면 여자는 지금 23세다.

2018년 10월 21일 25세 여자의 삶이 끝났다. 그 남자와 사귄 지 6개월 만이었다. 그날 남자는 스물네 번이나 여자를 칼로 찔렀다. 전날 인터넷으로 '칼로 사람 죽이는 방법' 등을 검색한 사실도 드러났다. 명백한 계획살인이었다. 재판부는 남자에게 징역 8년을 선고했다. 남자가 대학 때 우수한 성적으로 장학금을 받았고 성실하게 직장 생활을 했다는 점 등을 유리한 정상으로 판단했다. 살아 있었다면 여자는 지금 28세다.

2018년 10월 24일 23세 여자의 삶이 끝났다. 상견례를 이틀 앞두고 결혼을 약속한 남자에게 죽임을 당했다. 남자는 사귄 지 한 달도 되지 않아 결혼을 서둘렀다. 여자는 결혼에 동의했지만 직장을 계속 다니고 싶었다. 신혼집 위치를 두고도 의견이 엇갈렸다. 여자는 결혼을 미루길 원했다. 그날 남자가 자신의 집으로 여자를 불렀다. 목을 졸랐다. 끔찍한 방법으로 사체를 훼손했다. 남자는 다른 여자와 교제할 때도 결혼에 집착했고, 자신의 뜻에 따르지 않으면 폭언과 협박을 했던 것으로 드러났다. 재판부는 남자에게 무기징역을 선고했다. 살아 있었다면 여자는 지금 26세다.

2018년 10월 31일 65세 여자의 삶이 끝났다. 남자는 말다툼을 하다가 TV로 여자의 머리를 내리쳤다. 식물인간 상태였던 여자는 8개월 후 결국 병원에서 숨을 거뒀다. 남자에게 징역 7년이 선고됐다. 살아 있었다면 여자는 지금 68세다.

2018년 11월 23일 38세 여자의 삶이 끝났다. 남자는 평소에도 여자를 폭행했다. 그날도 술에 취한 남자는 별다른 이유 없이 엘리베이터 안에서 여자의 얼굴을 때렸다. 집에 들어가서도 이유 없는 폭행이 이어졌다. 여자는 정신을 잃었다. 남자는 잠을 잤다. 1심 재판부는 남자에게 징역 6년을 선고했다. 남자는 여자 가족에게 2300만 원을 건넸다. 2심 재판부는 남자에게 징역 4년을 선고했다. 살아 있었다면 여자는 지금 41세다.

2018년 12월 2일 32세 여자의 삶이 끝났다. 두 사람은 7개월 정도 교제하다 헤어졌다. 보름 후 다시 만난 두 사람은 술을 마셨다. 술자리는 모텔로 이어졌고 그곳에서 다툼이 일어났다. 여자는 집에 가겠다고 했다. 남자는 여자의 목을 졸랐다. 남자에게 징역 12년이 선고됐다. 살아 있었다면 여자는 지금 35세다.

2018년 12월 14일 47세 여자의 삶이 끝났다. 남자는 도박을 했다. 여자에게 돈을 달라고 했다. 여자가 거절하자 남자는 앙심을 품었다. 그날 아침 알 수 없는 이유로 여자가 화장실에서 쓰러졌다고 남자는 주장했다. 남자는 여자의 목을 졸랐다. 보험 설계사에게 전화를 걸어 보험금 수령 가능성을 문의했다. 5년간 같이 살았던 여자의 장례식장에서 남자는 휴대폰으로 게임을 했다. 재판부는 남자에게 징역 14년을 선고했다. 살아 있었다면 여자는 지금 50세다.

2018년 12월 26일 27세 여자의 삶이 끝났다. 여자와 남자는 교제한 지 4개월이 지나고부터 같이 살았다. 남자는 여자에게 일을 그만두라고 했다. 여자가 다른 남자를 만나는 것도 통제하려고 했다. 여자가 말을 듣지 않는다는 이유로 남자는 살인을 계획했다. 망치를 샀다. 남자는 여자를 죽이고 현금, 휴대폰, 신용카드를 모두 챙겼다. 남자는 여자의 신용카드를 사용하고 다녔다. 남자에게 징역 30년이 선고됐다. 살아 있었다면 여자는 지금 30세다.

에필로그
이음에 대하여

7.5분마다 여성 한 명이 다치거나 죽습니다. 경찰청 통계만으로도 그렇습니다. 2015년부터 2019년까지 일어난 강간 사건은 2만 9427건입니다. 한 해 평균 5885건, 하루에 16.1명이 강간을 당했습니다. 여기에 강제추행을 더하면 같은 기간 일어난 성범죄는 9만 3431건에 이릅니다. 같은 기간 여성을 상대로 한 폭행 사건은 훨씬 더 많습니다. 무려 25만 4780건입니다. 매일 140명에 이르는 여성이 폭행을 당했습니다. 정춘숙 더불어민주당 의원이 경찰청에서 받은 자료를 보면 같은 기간 살해당한 여성은 1735명이었습니다. 매일 여성 한 명이 살해를 당합니다. 종합하면 이렇습니다. 2015년부터 2019년까지 여성을 상대로 일어난 폭행·강제추행·강간·살인 범죄는 34만 9946건입니다. 1시간에 8명꼴로, 7.5분마다 여성 한 명이 범죄의 피해자가 되고 있는 것입니다. 단지 '여성이라는 이유로' 말입니다. 그런데도 국가는 뭘 하고 있는 것일까요? 이

런 범죄를 막으려는 의지가 과연 있는 걸까요?

오마이뉴스에 〈교제살인〉 첫 기사가 실린 다음 날, 2020년 11월 7일 부산에서 '덕천 상가 폭행 사건'이 일어났습니다. 교제 여성을 휴대전화로 폭행하고 심지어 쓰러진 여성의 머리를 발로 마구 걷어차는 살벌한 CCTV 영상은 '교제살인' 판결문을 통해 여러 차례 마주쳤던 모습과 너무 닮아 있었습니다. 헤어진 연인을 다시 만나게 해준다는 명목의 이른바 '재회 컨설팅'이 기승을 부리고 있다는 뉴스를 봤을 때는 참담했습니다. 헤어지자고 했다가 살해를 당한 경우가 피해자 10명 중 3명에 이른다는 사실을 확인한 저희로서는, 옛 연인을 상대로 뒷조사나 미행 등 불법수단까지 동원하는 업체들이 어떻게 버젓이 영업을 할 수 있는지 도무지 납득할 수 없었습니다. 2021년 3월 23일에는 이른바 '노원구 세 모녀 피살 사건'이 발생했습니다. 사건 피의자가 피해자의 개인정보를 이용해 집에 찾아갔다는 사실이 알려졌습니다. 그 후 많은 여성들이 택배 송장 등에 적힌 내용을 아세톤이나 스탬프를 이용해 지우거나 심지어 파쇄기를 사서 개인정보를 파기한다고 합니다. 국가를 믿지 못해 일어나는 일입니다. '여성이라는 이유로' 발생하는 범죄 예방을 위해 그동안 국가가 적극적으로 나섰다면 없었을 일입니다.

'교제살인'을 보도하는 과정에서 국가적인 업무 방기가 어느 정도인지 확인했습니다. '교제살인'은 매우 참혹한 페미사이드(femicide)입니다. 사귀던 남성이 사귀던 여성을 '여성이라는 이유로' 죽입니다. 여성 108명의 죽음이 담겨 있는 판결문 1362페이지를 읽고 또 읽어봐도 그것 말고는 이유를 찾을 수 없었습니다. 이런 참혹한 범죄가 최소한 열흘에 한 번꼴로 일어나고 있다는 사실도 충격적이었지만, 더 놀라웠던 것은 이런 범죄를 예방하기 위해 적극적으로 나서야 할 국가가 사실상 손을 놓고 있다는 점이었습니다. 정부, 국회, 경찰, 양형위원회, 지자체… '생각'은 있었지만 정작 상황을 변화시키려는 '행동(action)'에는 다들 소극적이었습니다. 새삼 깨달았습니다. 미국의 유명한 연방대법관 긴즈버그의 표현을 빌린다면 여성에게 어떤 특혜를 달라는 게 아니라 여성의 목을 밟고 있는 발을 치워달라는 것뿐인데 그조차도 참 어렵다는 것을 말입니다.

앞으로 해야 할 일이 명확하게 다가왔습니다. 〈교제살인〉 특별기획으로 제23회 국제앰네스티 인권상, 제10회 인권보도상 등을 받으면서 "계속 말하겠다"고 다짐했습니다. 부족함이 많지만 이 책을 내는 것도 그래서입니다. 어떻게 행동해야 한 사람이라도 덜 죽게 할 수 있을지 계속 생각하고 보도하려고 합니다. 그 답은 지역사회에 있다고 생각합니다. 여성폭력 관련 범죄 정보를 지자체와 적극적으로 공유하려는 경찰의 전향적인 노력이 필요합니다. 여성 경찰서장을 만나러 갈 겁니다. 또한 우리의 제안에 구체적인 답변을 보냈던 경기도, 경기도 용인시, 경상남도, 대전광역시 대덕구 관계자를 만나러 갈 겁니다. 어떻게 행동해야 한 사람이라도 덜 죽게 할 수 있을지 함께 생각하고 싶습니다. 의미 있는 변화와 마주할 때까지 보도를 이어나가려고 합니다.

오마이뉴스 독립편집부이기에 가능할 것도 같습니다. 말 그대로 독립적으로 취재하고 보도하고 싶다는 뜻을 회사에서 받아주면서 2018년 10월 만들어졌습니다. 그리고 부서 아이디를 '이음'으로 정했습니다. 세상과 만나 보고 들은 것을 독자에게 잘 전달해주는 것이 저희 일이라고 생각했기 때문입니다. 이어나가야 변화가 만들어집니다. 손을 잡아주십시오. 이 책을 읽어주시는 분들에게 그래서 참 고맙습니다.

'2016년부터 2018년까지 사망한 데이트폭력 피해자가 정말 51명일까?'

이 물음을 2019년 8월 8일 부서 대화방에서 처음 나눴지만, 어떻게 판결문을 찾아야 할지 그때만 해도 엄두가 나지 않았습니다. 그 일을 함께해준 박지선·이지혜·한지연 씨, 참 고맙습니다. 판결문을 분석하고 대안을 제시하는 과정에서도 많은 분들이 도움을 주셨습니다. 취재 초반에 우리를 만나 문제의 본질이 무엇인지 잘 살펴야 한다고 강조했던 이수정 교수, 문제의식에 깊이 공감하면서 두 차례나 서면 인터뷰에 성실히 응해준 현직 판사, 〈교제살인〉 보도를 접하고 입법 활동에 적극적으로 나선 권인숙 의원, 가슴 아픈 이야기를 다시 드러내어 말씀해주신 '당진 연속 살인 사건' 피해자 아버지 나종기 님에게 감사드립니다. 이아리 작가, 김홍미리 활동가, 최나눔 한국여성의전화 정책팀장, 조주은 경찰청 여성안전기획관, 표창원 전 의원의 도움도 컸습니다.

〈교제살인〉 기획이 세상에 나오기까지 적극적으로 지원해준 언론진흥재단 관계자분들, 〈교제살인〉 보도에서 저널리즘의 희망을 느꼈다고 평가해준 정준희 교수, 우리의 취재 내용을 일러스트로 잘 표현해준 이강훈 작가, 디지털 인터랙티브 구현에 힘써준 이종호 기자, 이기종 부장에게도 고마운 마음을 전합니다. 오랜 시간 오연호 대표, 방기관 콘텐츠사업본부장, 이병한 뉴스게릴라본부장 등 오마이뉴스 구성원의 격려와 지원이 있었다는 사실을 덧붙입니다. 고맙습니다.

헤어지자고 했을 뿐입니다
교제살인, 그 108명의 죽음

1판 1쇄 펴낸날 | 2021년 9월 10일

지은이 이주연·이정환
펴낸이 오연호
편집장 서정은 편집 김초희 관리 문미정

펴낸곳 오마이북
등록 제2010-000094호 2010년 3월 29일
주소 서울시 마포구 월드컵로14길 42-5 (04003)
전화 02-733-5505(내선 271) 팩스 02-3142-5078
홈페이지 book.ohmynews.com 이메일 book@ohmynews.com
페이스북 www.facebook.com/Omybook

책임편집 서정은
교정교열 김성천
디자인 여상우
인쇄 천일문화사

ⓒ 이주연·이정환, 2021

ISBN 978-89-97780-47-1 03330

이 책은 저작권법에 의해 보호받는 저작물이므로 내용의 전부 또는 일부를 재사용하려면
반드시 지은이와 출판사의 동의를 받아야 합니다.

오마이북은 오마이뉴스에서 만드는 책입니다.